50歳からのおしゃれを探して

後藤由紀子

KADOKAWA

はじめに

28歳と30歳の時に子どもを出産。家事と育児に明け暮れましたが、長男の小学校入学を機に、学童保育に通う3年間だけでも続けられたらと思い、静岡県沼津市に生活雑貨店「hal」を作りました。

開店してから、毎日の暮らしはさらにバタバタとしたものになり、自分のことをかまう時間がほとんどありませんでしたが、子どもの成長とともに店を16年間続けていたら、第一子は大学を卒業し、第二子は成人になって、私はあっという間に50歳になりました。

実際50の大台にのってみると、子どもたちに手がかからなくなったせいもあり、少しだけ暮らしと時間にゆとりができました。母親としての仕事が徐々に減っていくのと同時に、イベントや取材などhal以外の仕事が増えていき、月に数回のペースで都内へ行く生活がここのところ続いています。

そして人に会う機会が増えると、さらにおしゃれを楽しみたいという気持ちが沸き上がってきました。年齢を重ねたことによる体形の変化から、おしゃれに後ろ向きだった時期もありますが、やっぱり私はおしゃれをするのが大好きなんです。

人は誰でも平等に年をとりますが、私は年齢を重ねることをポジティブに考えています。というのも、私の周りの先輩方は、揃いも揃って装いが素敵で、いつも楽しそうに暮らしている人が多いからです。

中学時代の同級生が「上司を見ると、自分の5年後、10年後が見えて嫌なんだよね」ということを言っていましたが、幸運なことに私には、5年後、10年後に「こうなれたらいいな」と思える、お手本の先輩がたくさんいます。何かに悩んだり、壁にぶちあたったときには、先輩に話を聞いてもらうこともあります。

この本は、ここ数年の私のおしゃれのバージョンアップ方法をまとめるとともに、自分らしい装いを楽しんでいる先輩方に、どうしたらおしゃれに前向きでいられるのかを取材してまとめたものです。私と同様、クローゼットにたくさんの洋服があるのに「似合う服がない」と悩んでいる方がたくさんいると知り、その迷走期から抜け出すヒントにしていただけたら幸いです。

目次

第3章

私の装い いまの気分 111

Column

第1章

50歳、おしゃれ迷走期を乗り越えるために

40歳を過ぎたころから、急にカジュアルな服が似合わないと感じるようになりました。そして数々の心と体の変化もおとずれるようになり……。

年齢にフィットするおしゃれの難しさを感じた、ここ10年のお話をまとめました。

中年太りコースへの突入

地元である①静岡県沼津市に「ｈａｌ」という雑貨店を開いて、早16年。

２人の子どもたちも成人し、自由な時間が増えてきました。いままでも雑貨店店主として雑誌で取材していただいたり、書籍を出版したりしてきましたが、近年では「出張ｈａｌ」と称して地方で一時的に販売をさせていただいたり、カルチャースクールでセミナーの講師をしたりと、人前に出る機会が増えています。

恐れ多くも「暮らし上手」とか「ナチュラルなおしゃれ」などのテーマで取材していただくことがあるので、洋服には気を遣っているつもりでいましたが、40歳を超えてふと鏡を見た時、「あれれ、この服すごく似合ってない」とびっくりしたのです。その時の洋服はカットソーだったのですが、若作りの〝頑張っちゃってる〟風な私がいました……。

そう、背中が丸くなって腰まわりにも厚みが出て、いつの間にかおばちゃん体形になっていたのです。

思えば40歳になったあたりから、新陳代謝が落ちてきたことには気がついていました。

食べることが大好きな私は食欲に逆らえず、そして、運動をする習慣があるならまだしも、地方都市住まいですから、移動はほぼ車。そもそも運動が苦手なので、ジム通いなんて別

①

沼津駅のほど近くにあり、器や生活雑貨、衣類、暮らしに関する本を取り扱う私の店。
http://hal2003.net/

次元の話です。確実に、そして完全に中年太りコースへ突入していたのでした。

以前は1枚でさらっと着られたカットソーが似合わなくなると、次は、ずっとSサイズを着ていた「ジョンスメドレー」②のニットのサイズアップを余儀なくされました。以前からお金を貯めて1年に1枚ずつ購入していた大切なニットでしたが、その時持っていたものは手放し、Mサイズを買うようになったのでした。

おしゃれが好きだった時のことを思い出す

似合わない洋服がどんどん増えると、なんだかおしゃれに後ろ向きになっている自分に気がつきます。あんなにおしゃれが大好きだった私はどこへ行ってしまったのだろう？

私はどんなおしゃれが好きだったのかを思い出すようにしました。

おしゃれに興味を持ったのは高校時代です。お小遣いも少なかったし、田舎に住んでいたので、当時、愛読していた雑誌『オリーブ』③に出てくるような、ボーダーTシャツにデニム、またはスカートを基本に、古着の定番アメカジアイテム（カーディガンやステンカラーコートなど）を上京の際に購入してはコーディネイトを楽しんでいました。

東京で就職すると、少しずつおしゃれに使えるお金が増え、ファッション誌に出てくる

②

1784年創業のイギリスのファインゲージニットウェアブランド。軽量で編み目の細やかな30ゲージのニットウェアが有名。

③

1982年に創刊、2003年に休刊したファッション雑誌。特に80年代は「ガーリー」と呼ばれる新スタイルを牽引し、当時の愛読者は「オリーブ少女」と呼ばれた。

ような服を着て、当時流行していた④DCブランドブームにのるようにもなりました。そのころは、おしゃれな友人たちにしょっちゅう「これどこの?」なんて聞いたり、一緒に洋服屋や雑貨屋巡りをするのが休日の定番の過ごし方。⑤「DO!FAMILY」⑥「45rpm」⑦「agnès b.」などのお店をよくのぞいていましたね。

「BEAMS」や「UNITED ARROWS」などができてからは、特定のブランドのお店でなく、セレクトショップで洋服を購入することが多くなりました。周りにいるおしゃれな友達の間で流行っているものが私にとっての「流行」となり、それを自分らしく取り入れる。これはいまでも変わらないことです。

そして雑貨店に就職すると、着こなしが素敵なお客さんや、撮影のために商品を借りに来るスタイリストさんなどのファッションにも影響を受けました。

思えば、敬愛する『オリーブ』には、ヘアスタイルや洋服をはじめ、映画やカルチャーに至るまで幅広く影響されたように思います。『オリーブ』のスタイリストさんはいろんなタイプの方がいたので、ファッションはその時々でガーリーも定番もトラッドもありといい感じにミックスされ、「おしゃれってこんなに楽しいんだよ」と教えてもらった気がします。

その後、結婚して子育てが始まると、自宅で洗える自然素材の洋服がワードローブのほ

④
DCブランドとは、デザイナーの個性や感性をデザインに生かしたブランドのこと。1980〜1987年ごろに国内で一世を風靡した。

⑤
ベーシックを貫くカジュアルブランド。80年代は、アメリカン・フレンチ色が強く、七分丈チノパンと三つ折りソックスが定番だった。

⑥
80年代、チェッカーズの衣装を担当するなど、人気を博したブランド。現在は45Rとして高品質なカジュアルウェアを国内外で展開。

とんどを占めるようになりました。

一時期はボーダーTシャツが制服と化して、引き出し1段分も持っていたこともあります。「またボーダー？」と夫に突っ込まれながらも、形やピッチが異なるという言い訳のもと、どんどん増え続けました。

生成り生地に紺色のボーダーが私の定番でしたが、それに加え、無地のTシャツもたくさん持っていました。白、紺、グレー、黒と揃えていて、その時々で半袖だったり長袖だったりと、エブリデイ・カットソーな日々がなんと15年近く続きました。

ただ、こうしたカジュアルな格好だったとしても、私なりに普段のおしゃれを楽しんでいたと思います。自分に似合っていると信じていましたし、若いころはさっぱりしたアイテムが逆におしゃれっぽく見えたりするんですよね。

重いものにさようなら

私の日常着と化していたカットソーが似合わなくなるなど、40代半ばで容姿の変化に気付き、その次に待っていたのは、様々な体調の変化でした。

少し前までは無理すればこなせていたことができなくなったり、洗い物をしていると器

⑦

1975年に創業したフレンチカジュアルを代表するパリのブランド。80年代は、スナップカーディガンが世界的に大流行した。

をつるんと落とすようになりました。忘れ物も増え、出かける前はいつも指差し確認をしたり、取材の前日は内容確認のファックスを送ってもらうようにも……。

心配性なのと世話焼きなのとで、⑧常備薬やおやつ、リラックスできる雑貨などを持ち歩くため、荷物はいつも多めだったのですが、それもだんだん疲れるようになりました。特に旅行などで慣れない場所を長距離歩くと、いくらお気に入りのバッグだとしても、帰りには重いものを持つのが辛くなりました。いまでは帰りの荷物は宅配便で送ってしまうことのほうが多くなり、解決法が少し見つかりましたが、当時は今後はどうすればいいんだろうと途方にくれたものです。

奮発して買ったトレンチコートや、生地のしっかりした高級なコートも、肩こりがひどくなって、着る回数が減っていったのもこのころからです。

そう、重いものを体が受け付けなくなったのです。「これが老化かあ……」としんみりしてしまいました。40を過ぎているのですから、おばさんなのは百も承知です。でも周りに音楽好き、カルチャー好きの友人が多く、みんな変わらずおしゃれで活動的だし、と自分も同じように若いつもりでいたのです。

おしゃれに夢中だった若いころの私なら、おしゃれ度を優先して、重いことや使いづらさも何のそのでしたが、「おしゃれは我慢！」とは、もう言えません。

⑧

必ず入っているのが、小腹すき対策＆リフレッシュのためのおやつと、NAGAE＋のマッサージツール。洋服の上からも使えて便利。

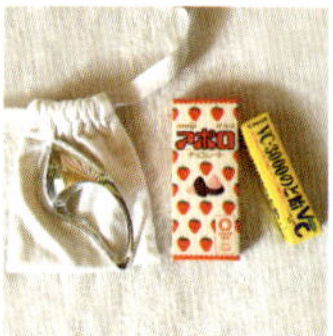

「こんなはずじゃなかった！」と嘆いても、日々の暮らしは続くわけで、私なりに工夫せざるを得ない状況になりました。年齢を重ねることを受け入れ、快適なおしゃれを意識するようになっていったのです。

着なくなったものを手放す

似合う洋服がどんどんなくなっていく中、うじうじ悩んでいても時間は取り戻せませんし、何かが解決するわけではありません。私は、すぐに対策を練りました。

まずは、着られなくなった洋服を潔《いさぎよ》く手放すこと。ある時から毎年、衣替えの後にはhalの店の奥で「我が家のフリマ」[9]を開催するようになりました。

中には「すごく高かったし」とか「娘に着てもらったらどうだろう？」と迷うものもありましたが、たんすの肥やしのままカビ臭くなってしまうなら、「合う体形の方に安価でお譲りするのが一番」と割り切れるようになりました。

下半身太りから、もうはけなくなったパンツやひざ丈スカートを大放出した年もありましたし、大量のボーダーアイテムとSサイズアイテムを放出したある年などは、正直切ないものがありましたが……。

⑨
halで不定期に開催されるフリーマーケット。器や衣類、生活雑貨などを放出している。開催情報はInstagram：@gotoyukikodesuにアップ。

手放す時は、自分の老化や体形の変化に向き合った結果でもあるので、悲しい気持ちになるのですが、いい面もあります。手持ちの洋服を循環させる習慣ができたことで、いつでも「自分に似合う洋服だけがあるクローゼット」になり、必要なものが明確になったと感じています。

おしゃれにも知恵と工夫が必要

次に行なったのが、バッグの見直しです。昔から袋ものが大好きで、革素材、キャンバス素材、籠ならあけび素材などを、デザイン重視で手に入れてきました。なのに、今度はまさか、その愛しきバッグたちを手放すことになるとは……。

基本的に持ち歩くものが多く、買い物後や仕事で資料を預かった帰り道などはバッグがずっしりと重く、途中で歩くのが嫌になるほどでした。

徐々に薄手の布もの・軽めの籠・ナイロン素材などにシフトし、貧血などで倒れることも多いため、バッグの中身が散らばらないようファスナーつきのものを探すようになりました。

⑩ここ最近ヒットだったのはトートバッグ型で上にファスナーがついているもの。中には

⑩

A３サイズの資料やAB判の雑誌もすっぽり入る、マチつき・内ポケットつきのトートバッグはPlantationのもの。日常使いに◎。

長財布が入る縦長のポケットが二つあり、収納のしやすさもばっちり。取り出しやすく、ポリエステル素材で軽いため、すっかり気に入って黒とアイボリーの2色を買いました。

もう一つは元々ｈａｌ⑪でお付き合いのあった、4代続く問屋さんのオリジナルバッグです。薄めの帆布素材で、中に大きな仕切りがあります。そこに財布と携帯電話と鍵を入れておくと、バッグの中にすっきり収まり、取り出しやすい。あまりの使い勝手のよさにすっかり惚れ込み、持ち手だけを黒に変えてｈａｌ別注色でオリジナルを作ったほどです。

こうしてバッグが軽くなったことで、身軽になれたと同時に、「軽いものに変える」という作業がとても楽しいことだと気がつきました。

例えば、ステンレスボウルを軽いジップロックコンテナーに変えると、容器の中で和《あ》えてからフタをして冷蔵庫にしまえて、結果、洗い物が少なくなります。

フライパンも、ある時から中華鍋を振ることができなくなり、洗うのも大変に感じて、フッ素樹脂加工の軽いものに変えました。フライパンは大・中・小サイズを揃えると魚を焼いたり煮物をしたり、せいろを載せれば蒸し物を作れたりと万能なうえ、フライパンでお湯を沸かすと時短にもなるという発見も。

このように自分の必要性に迫られて小さな変化を受け入れていたら、長年の暮らしに新しい風が吹く瞬間があるのです。昔から雑貨やものが好きだからこそ、〝自分コンシャス〟

⑪

THREAD-LINE Tokyoオリジナルのキャンバスバッグを白×黒のコンビ色で製作したもの。halだけの限定販売。

な商品に出会えると、ワクワクが広がります。「こういうバッグが欲しいな」とアンテナをはって普段から見るようにしていたら、⑫軽い合革でできているきちんとした印象のボストンバッグが見つかったこともありました。

条件が厳しくなればなるほど、理想のものを探し当てた時はうれしく、大切に使いたくなります。高価なものであろうが、安いものだろうが、使えなければただの不用品です。すっきりした家を保つという意味でも、私のものさしを厳しくすることは、今後の暮らしにプラスになると考えました。

ワンピース班長になる

次に見直したのは普段着です。着るものがなくなり、さてどうしようかと思っていたところに、救世主のように現れたのがワンピースでした。⑬ウエストマークしたデザインや上質な素材を選べば、きちんとした印象になり、人に会う時にも重宝するということに気付きました。「番長」キャラではないので、「ワンピース班長」と周りの友達から呼ばれるほど、週の半分くらいはワンピースを着ているような気が……。

考えてみると、ショートヘアとの相性もよかったのかもしれません。私の体形は153

⑫

とにかく軽い！ Plantationのボストンバッグ。内外ポケットなど機能はもちろん、細い持ち手が女性らしさも演出してくれる。

cmと低身長で、ずんぐりむっくり。手足も短く、なかなか似合うものがなくて、日々、洋服選びが大変でした。同じアイテムでもモデル体形の友達が着るとさっそうとして格好いいのに、私が着ると、「あらら……」といった感じになることもしょっちゅうなのです。

5年前からは、夏になると「この太い二の腕を上手に隠せる半袖ワンピースはないものか」と探すようになりました。

半袖といっても、肩まわりや腕までほっそり見せてくれるものが条件。また、ショートヘアのため、首の後ろが日焼けしないよう襟つきで、できれば開襟。だらしなく見えないようウエストマークがあって、太い脚を隠せる長い丈のワンピースが理想です。

昔の映画女優が着ているような、ロング丈のシンプルな開襟半袖ワンピースを求めていろんなお店を探し回りましたが、夏物はノースリーブばかりで全然見つけることができず、3年もの月日が流れました。

理想のワンピースを作る

⑭ある日、新作お披露目会が開かれるとあって「fog linen work」（以下、ｆｏｇ）にお邪魔した時のこと。代表の関根由美子さんから、「後藤さんも何か一緒に作りましょう

⑬

特にウエストマーク＆ロング丈のワンピースは、1枚で全体のバランスがまとまるのもうれしいポイント。小物でメリハリをつけて。

⑭

毎日の暮らしに役立つオリジナルデザインのリネンのウェア、バッグ類等シンプルな生活雑貨を扱う。
https://foglinenwork.com

よ」と声をかけていただきました。

ｆｏｇはリトアニアのリネンを使ったライフスタイル雑貨のブランドです。洋服も手がけていて、様々なジャンルの方とのコラボレーションにも積極的。過去にモデルの香菜子さんや、料理研究家のワタナベマキさんがデザインした洋服もありました。

そういったことも知っていたので、「それならば、3年ずっと探し続けているワンピースがあります」と、ずっと抱えていた私のコンプレックスのことも含めて話すことに。

市場《しじょう》にはノースリーブワンピースばかりで袖付きが見当たらない。二の腕が太いと1枚でさらりとは着られないし、かといってノースリーブに羽織りものというコーディネイトでは暑くて、結局そのワンピースを着なくなる。

日焼けをしないように襟が欲しい。

おしゃれにレギンスをはけないので下半身デブを隠すための丈も欲しい。

気になるウエストまわりが妊婦さんに間違われないよう、ウエストの切り替えは欲しい。

私の中の欲しい形が明確にあったので、打ち合わせを始めて30分後には形が決まるほどでした。もちろん、そこから数々の工程を経ていきます。けれども、これまで心に描いていたワンピースのイメージは揺らぐことなく、完成に近づくにつれ、ワクワクしました。
⑮生地の色は、定番色とチェック柄とストライプ柄を選び、私のデザインしたリネンワンピ

⑮

このコラボワンピースは、2017年４月に第１弾を発表。黒、アイボリー地にネイビーのチェック、白とブルーのストライプの３色展開。

ースが誕生したのでした。実際に販売すると、下は17歳から上は87歳と幅広い方に購入していただけて、予想を上回る数を世に出すことができました。

自分のコンプレックスから出来上がったワンピースでしたが、「ウエスト丈が104㎝もあり、紐でキュッと縛るタイプだからマタニティドレスにもなるし、前開きなので授乳もしやすそうです」という妊婦さんの感想をいただき、うれしかったのを覚えています。

そして、購入してくださった方とイベントでお話ししていると、私と同じ悩みを持っている方の多いこと！　特に同世代の方は何を着たらいいのか迷っているんだなあと、リアルに感じることができました。

このオリジナルワンピースは好評のため2019年に第2弾を発売することになりました。今度はもっと長い期間着ていただけるようにと袖を七分にし、ウエストにゴムを入れ、私たち世代に肌なじみのいいピンクやベージュなども作りました。

ヘアスタイルを変えてアクセサリーに目覚める

45歳の時に髪型を短くしたのも、おしゃれを見直すいいきっかけになりました。

それまではずっとストレートのボブでしたが、本来はものすごいくせっ毛なので、強い縮毛矯正をかけていたのです。いよいよ白髪が増えて、ヘアカラーもこまめにしなくてはならないことになった時、「面倒な縮毛矯正はもう続けられないな」と思いました。ちょうどショートヘアに挑戦するという雑誌の企画をいただいたことも後押しとなりました。

⑯それからはずっとショートヘアですが、気をつけているのは、女らしさをプラスすることです。たまに街角などで見かける人が「いまのおじさん？　おばさん？」と、どちらかわからないときがありませんか？　ショートヘアになってから出席した同窓会で、隣に座った男子と同じ髪型だったことがありました。「あれ、私もとうとうその域に達したかな？」と急に不安になりました。それというのも、幼いころ予防接種の時に、赤いスカートをはいていたのに「僕は男の子だから泣かないね」と看護師さんに言われた経験があるほどの男顔なんです。

そこで、「これではいかん」と思い、ピアスやネックレス、リングを着けるように。女性らしくやわらかいイメージのものを自然と選ぶようになって、顔まわりが明るくなった気がしています。

⑯

アクセサリーを意識的に着けたり、メンズライクな服を避ける一方、定期的なヘアケアも大切。ショートヘアなので月に1回はヘアサロンへ通うようにしている。

そうだ、先輩に聞いてみよう

こうして、ここ10年にわたるおしゃれのマイナーチェンジで、私は自分自身を見つめ直してきました。そして大事なのは流行に乗ることではなく、「自分らしい装いを心から楽しみ、毎日を気分よく過ごす」ことだと気付いたのです。心がついていかないと続けることはできませんし、今後も私は年を重ねて変わっていくからです。

正直に言えば、何度も「もう着るものなんて何だっていいよ」と投げやりになることもありました。でもそんな時、頭に浮かぶのは、周りにいる私より年上の女性たち、いつも自分らしく素敵に装ったおしゃれな先輩たちの姿でした。

彼女たちは装うことを常に心から楽しんでいるようで、十人十色の美しさを携えている。そして、「おばちゃん」ではなく「大人の女性」であることも共通点。[17]私は28歳の時から「純平（息子）のおばちゃん」だったので、おばちゃん歴が長いのは仕方がないにしても、このままおばちゃんくさくなっていくのは嫌なのです。

今回は、そんな先輩たちに、まだまだ数えきれないほどある私のおしゃれの悩みを相談すると同時に、加齢による体形の変化や心の揺らぎをどう乗り越えたか、どうすればおしゃれをずっと楽しんでいけるのかなどを聞いてみることにしました。

⑰

そんな息子も、今春大学を卒業し、晴れて社会人に。最近は慣れない場所でリードしてくれるなど、頼もしさを感じるように。

第2章

おしゃれの先輩に聞く

「迷った時、悩んだ時は同じ経験をされた方に話を聞いてみよう」と、私より少し年上の素敵な女性たちに、50歳からのおしゃれの楽しみ方を聞いてみました。

ファッションのお話だけではなく生きる姿勢まで、心が豊かになるヒントをいただきました。

先入観を捨てたら、ファッションはもっと楽しくなる

01

Atsuyo Kawasaki

ギャラリーオーナー

川崎淳与さん

個性的なアイテムを着こなす達人

東京・南青山にある「ギャルリーワッツ」（以下、ワッツ）。コラージュ作家の沢野弓子さん、陶芸家・五月女寛さんの展示会など、以前からたびたび寄せていただいていたのですが、私はこういう時にうかがっても、こちらから名乗ったりすることはできないタイプで、展示をぐるりと見て回り、作家さんとちょっとだけ会話をするくらい。どこに行ってもそんな感じで、周りの個性的な友人たちに比べて影が薄いんです。

　ワッツで時々お見かけしていたオーナーの川崎淳与さんは、お会いするたびに、鮮やかでデザイン性の高い洋服を身に纏《まと》い、個性的な眼鏡をかけていらっしゃい

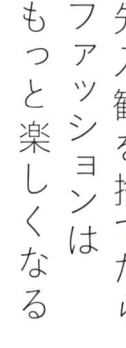

ワッツで展示会をしたこともある佐藤典子さんの染色したケープは、エレガントにもカジュアルにも使える優れもの。

「大胆な図と色使いでアートを纏う感じが好きです」（川崎さん）。

「アクセサリーは、自分の体にアートを飾るような気分にしてくれる」と川崎さん。胸元のブローチは、段ボール紙で作られた小倉理都子さんの作品。

右上/ 15年前から作り続けているワッツオリジナルのバッグ。**上/** 元気の出る黄色に惹かれ、旦那様がプレゼントしてくれたPLAIN PEOPLEのニット。

ます。

ひとたび接客をしていただくと、身のこなしや話し方のエレガントなこと。帰る際にはとても丁寧にお辞儀をしてくださるのが常で、思い出すたびに温かな余韻が心を包みます。

ある時、共通の知り合いの食事会で川崎さんとご一緒する機会があり、「実は何度かお邪魔しています」と初めてゆっくりお話しさせていただいたのが２０１８年の冬のこと。

個性的なファッションと強い存在感から、最初は緊張したものの、川崎さんの口調はとても穏やかで謙虚。おかげで自然とリラックスした空気となり、面白くて可愛らしさもある川崎さんに私はすっかり魅了されてしまったのでした。

そのため、今回おしゃれの先輩への取材を考えた際、真っ先に頭に浮かんだのが川崎さんだったのです。

おしゃれはクリエイティブな試み

約束の日にワッツを訪れると、撮影に使う洋服やアクセサリーなどが既に整頓された状態で並んでいました。スムーズに進むよう色々と考えてくださっていたことがひと目でわかり、感激する私たちに、「さあ、まずお茶をいただきましょう」と、温かいお茶を出してくださり、ゆるやかに取材が始まりました。

お話をうかがって最初に驚いたのが年齢のことでした。川崎さんは現在81歳。こんなに美しくキビキビとした同年代の女性に会ったことがなく、改めて尊敬の眼差しで見つめてしまったほど。

取材当日に身に着けていらしたのは、ブルーのニットにグレーのワイドパンツ。ふわふわのシルバーヘアは、川崎さんの個性を際立たせる美しいフレームです。

お茶を出すときは、器も楽しんでいただけるようにと様々な作家の器で。

「ファッションは自分流。その時々で着たいものを自由に着ているだけ」と語る川崎さん。シンプル一辺倒の私には、とても高度に感じます……。

「でもね、後藤さん。似合う、似合わないは自分で決めているだけのことよ。似合わないという先入観を捨てたら誰でも似合うし、楽しくファッションと向き合えると思うの。ただし、個性的なアイテムを身に着ける時は、足し算、引き算の両方が必要。アクセサリーや靴、バッグ、洋服、それぞれの持ち味を引き出すための計算は、頭を使うクリエイティブなことだから楽しいじゃない？」

華やかなワードローブの中には、ひと目でそれとわかるようなファッションブランドのものはなく、少し意外な気もしました。

「ブランドの職人技は素晴らしいと思わせるものがありますね。でもブランドだから買うということは私にはありません」と川崎さん。デザインや素材はもちろんですが、気持ちが元気になれることを一番に考えて、その日のファッションを選ぶのだそうです。

暮らしぶりがその人を作る

とはいえ、審美眼やエレガントさは一日で身につくものではありません。これまでの暮らしぶりも気になります。

川崎さんは結婚を機に家庭に入り、専業主婦になったそうです。それ以降、ずっと子育てに専念され、お子さんが大学に入られたタイミングで社会復帰。ラッピングアドバイザーの仕事につきます。「心を包む」をモットーに行なっていたセンス溢れるラッピングは評判となり、書籍まで出版する活躍ぶりでした。その後、10年間のギャラリー勤務を経て、いまから21年前、ワッツをオープンします。川崎さんが60歳の時のことです。

えんどうもみさん、藤田圭子さんなどワッツで展覧会をするジュエリー作家の作品は、日々にパッションを与えてくれる。

「このギャラリーでは、アートの展示はもちろん、ファッションや工芸などの展示をすることもあります。ジャンルに囚《とら》われず、表現者の思いが形に表れているものに興味があるんです」

美しいもの、心からいいと思うものに囲まれた長年の暮らしが、穏やかな佇まいと清々《すがすが》しい所作を持つ川崎さんのいまを作っているのだと感じます。

いつでも人に会える格好をする

私は執筆などで家にこもることもあり、そういった日はダメだと思いつつ、終日ノーメイク&部屋着で過ごすことも度々。川崎さんが自宅で過ごす時のオフの服装が気になります。

「そうね、急に呼び出されても、そのままお茶しに行ける格好かしら。ファッ右/ ジュエリーやアクセサリーは、閃《ひらめ》きのまま重ねづけ。爪の先までトータルでコーディネイトするのが、装いの楽しさでありエレガントの極意。

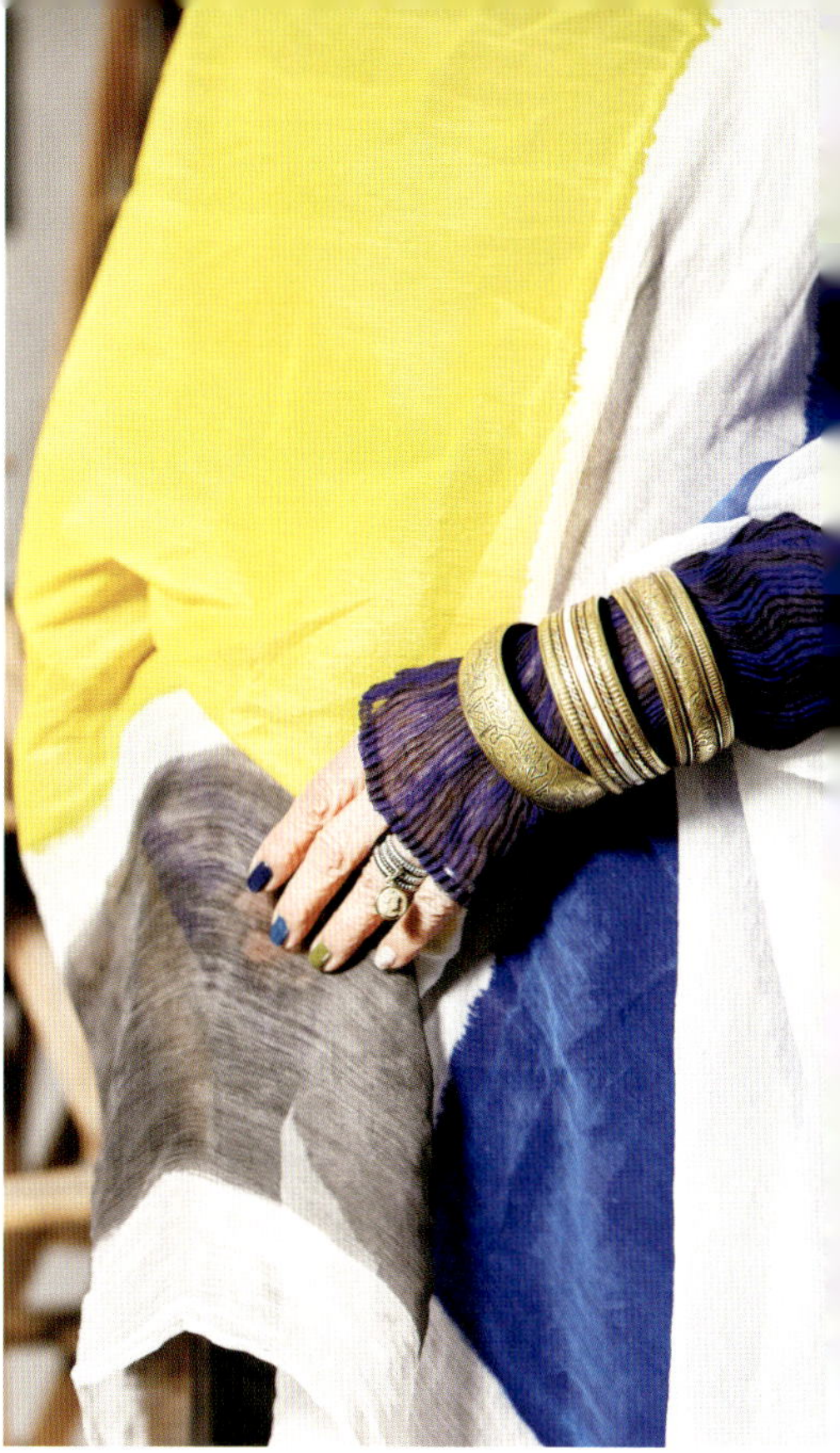

ションも仕事も毎日の積み重ねだと思っているし、どんなときもワクワクしていたい。人に見られたら恥ずかしいファッションで一日を過ごすなんてもったいないと思うのよ」

果たして、私はそんな風に装うことを楽しんでいるだろうか。忙しさにかまけてファッションがなおざりになっている自分に心当たりが。川崎さんの言葉に背筋が伸びる思いです。

「まずその服を着てみたいかどうか自分自身で感じ取るの。好きであればなおよし。楽しく着れば心も弾み、気持ちも大らかになりますよね」。優しい微笑みに、肩の力が抜けて、私も自然と微笑んでいました。

ファッションで一番大切なのは、身に着けたときの気持ち。それは、川崎さんの人柄や日々の暮らし、人生のあり方にまで影響を及ぼしているのだろうと感じます。

01

profile

Atsuyo Kawasaki *Age 81

ギャルリーワッツオーナー。暮らしの中にあるものはすべて感性を豊かにすることに繋がるという考えのもと、ジャンルを問わず面白いと感じるものや、心の奥に投げかけるような企画をする。
https://www.wa2.jp

上/ 川崎さんが「私の宝物」と大事にする靴は、他界した友人の靴デザイナーに作ってもらったもの。**右/** 長年愛用しているシャツに、マニッシュなタクルタートルのコートを羽織って。「長く着るほどに愛着の湧くような素材のよさが好き。コートはクロークなどに預けた時に美しさが現れる裏地も大事な要素です」（川崎さん）。

“シック”という言葉の似合う人でありたい

02

Rieko Ohashi

ファッションデザイナー、スタイリスト

大橋利枝子さん

美しい気配を作る人

私は22歳から24歳まで、石川博子さんが営む雑貨店「ファーマーズテーブル」に勤務していました。そのころは東京・表参道の同潤会青山アパートというところにありました。石川さんの目利きで集められた生活の道具たちがギャラリーのように並ぶ様子は当時としては斬新で、空間の雰囲気も含め、私は純粋にこの場所が大好きでした。様々なこともここで学びました。

そんな雑貨店の先駆け的なお店でもあったので、スタイリストさんがよくリース（雑誌や書籍などに掲載するために商品を借りること）にも来られました。当時、雑誌『オリーブ』のスタイリストと

薄い翡翠色のロングシャツは大橋さんのブランド・fruit of lifeのもの。コットンシルクで織られた光沢感のある生地は透け感が美しく、品のよさも漂う。

コットンシルクのローブに同素材のワンピース、レギンスを合わせた、大人のレイヤースタイル。

アンティークビーズのマットな輝きが大橋さんのスタイルにマッチする、MAISON RUBUS.のネックレス。

して活躍していた大橋利枝子さんのファンだった私は、大橋さんからのリースの電話にいつも心躍らせていました。

　私が大橋さんに憧れていたのは、ファッションだけでなく、暮らしまわり全般のスタイリングが素敵だったからです。

　それは、奇抜さやテクニックが目立つようなものではなくて、インテリアであれば、写真の中の人物がその日一日を気持ちよく過ごすための洋服を選び、家をきれいに整えている、そんな暮らしの美しい気配やストーリーを感じさせるスタイリングです。きっと大橋さんご自身の生き方が滲《にじ》み出ているんだろうなと、私は密かに想いを巡らせていました。

人気スタイリストからデザイナーへ

　様々な誌面を彩《いろど》る、人気スタイリストの大橋さんですが、ここ数年はデザイナーとしての活躍が目立ちます。きっかけは、「fog linen work」で、「ＦＬＷ」というブランドのデザインを担当されたこと。「スタイリストとして、完成した服と関わってきましたが、コンセプトから生地選び、デザインまでするという経験は初めてで、私にとっての転機となりました」と大橋さん。

　fog linen workはその名の通り、リネンのブランド。それまでも洋服を取り扱っていましたが、ＦＬＷができてからは、シックに大人っぽく麻を着るという提案がより広がったと感じていました。当時、うちの店でも扱っていて、とても好評だったことを覚えています。

　そして２０１８年、大橋さんご自身のブランド「fruits of life（フルーツオブライフ）」を発表し、自身でデザインした衣服の販売を開始されました。大橋さんが、52歳の時です。「心から大切に思えるものを少しだけ」がテーマで、展示会には厳選された数々のアイテムが並び、

独特の世界観が広がっていました。

　私が初回の展示会で購入したのは、キャメル色のアンゴラコート。生地の毛足が少し長めで遠目からでも高級感があるのですが、着るととても軽く動きやすい。駅のホームに立っていたら、見知らぬご婦人から「あなた、このコートよく似合っているわ」と褒められたなんてことも。背の低い私でもバランスよく着ることができる、そんな懐の深いコートはなかなかありません。

　そう、fruits of lifeの服が私の周りで評判なのは、その懐の深いデザインによるものだと思います。身長や体形にかかわらず、その人らしく似合う。そして、一見シンプルなアウターも生地に微《かす》かな光沢感があったり、歩いた時の優しく揺れる感じが女らしかったりと、素材選びにも大橋さんの思い入れを感じます。そんな時、これは大人の女性を幸福にする服だなあとうれしくなるのです。

右/ 中国の民族服は、福岡のMORE LIGHTにて。チベット族のネックレスは、ネパールで購入。昔からアジアの手仕事に心惹かれるそう。**中/** ベビーカシミアで織られた真っ白なストールは、NATURAL BASICのもの。**下/** 意外と帽子好きな大橋さん。お気に入りは、nanadecorで手に入れたハット。

しばらく封印していたボーダーアイテムを最近少しだけ復活させたそう。上質な素材と細めのラインが大人っぽく着るコツなのだとか。

ブランドを誰に届けたいか

fruits of lifeのデザインについて、うかがった時のことです。

「仕事柄、若い時からおしゃれな人、感度の高い人が周りにたくさんいて、年齢を重ねてもずっと素敵でその人らしいの。もちろんシワは増えるし、ちょっと太っちゃったりするわけだけど、それを超えた個性がある。fruits of lifeの服は、私の周りにいるそういう女の人たちを思い浮かべながらデザインしていますね」と大橋さん。ブランドがスタートしてからはスタイリストの仕事を減らし、より服作りに集中できる環境を作っていると言います。

「他のことを考える余地がないんです。私、このブランドと真剣に向き合うって決めたので。最初に理想のイメージがあるから、デザインや生地選びなど迷うこ

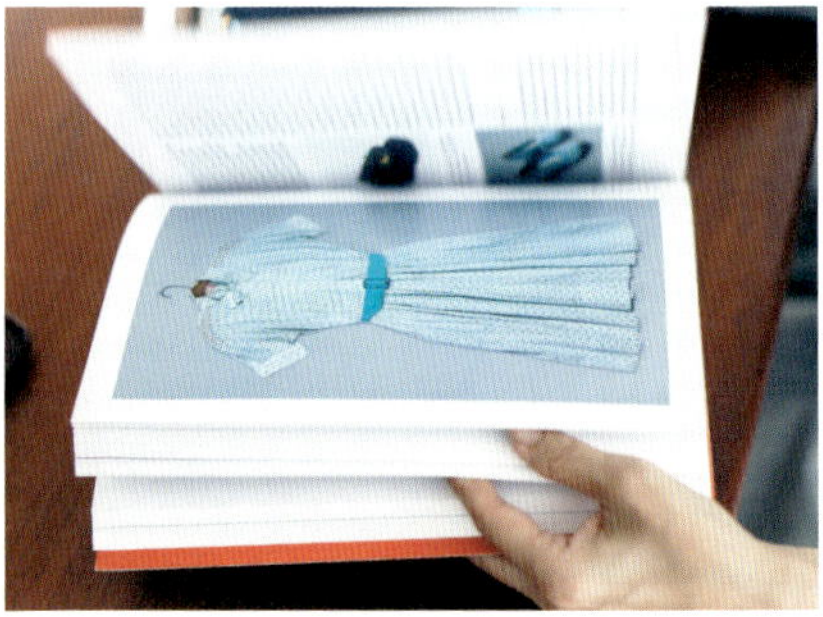

アトリエの机の上に置かれていたのは、ジョージア・オキーフの写真集『LIVING MODERN』。自作したドレスなど、オキーフのファッションやライフスタイルが収録されている。「見返すたびに新鮮で、普遍的な美しさを感じる大好きな一冊です」（大橋さん）。

とは少ないですが、一つ一つの工程に打ち込むとどうしても時間がかかる。だからこそ服が出来上がると、我が子が生まれたような特別な喜びがあるんです」

そんな生真面目さや凛とした強さも私の思う大橋さんらしさなのです。

似合うものだけ着ればいい！

「ここ数年、Tシャツが似合わなくなったと感じているんです。この夏何着ようかと悩みます」と打ち明けてみました。すると大橋さん、「じゃあ、着なければいいんじゃない？」とばっさり。「若いころには似合っていたという考えを捨てて、体形の変化を受け入れるってすごく大事なことだと思うんです。大人になったら昔よりお肉がつくのは自然なことなのだから、それよりも似合うもの、好きなものを着る！　そのほうがずっとおしゃれが楽しいでしょう？」と笑ってアドバイスをくださいました。

「私にとっての大人のおしゃれは、まず清潔感を大切にすること。そして、肌触りや着心地を重視しながら自分の着たい服を纏うこと。私の場合　年齢とともに可愛いものから落ち着いたシックなものへと趣向が変わったけど　根っこにある好きなものは基本的に変わらないので、その感覚は大切にしたいかな。反対に、未知の自分らしさというか、年齢や経験を重ねることでどんな風に自分が変わっていくのか、それはとても楽しみにしているんです」（大橋さん）

変える必要のないこと、変化を受け入れて楽しむことを見極める。自分の感性こそ、そのものさしなのですね。

02

profile

Rieko Ohashi　*Age 53

雑誌『オリーブ』のスタイリストとして、オリーブファッションが最も華やいだ1990年代に活躍。雑誌のほか、広告など様々な分野に活動の幅を広げた後、2018年秋より自らのブランドfruits of lifeをスタートさせる。近著に『おしゃれって いいもの』（文化出版局）がある。
http://www.fruitsoflife.jp

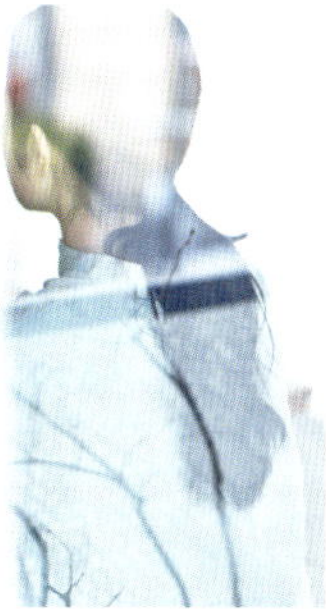

好きな服なら
何十年も着たっていい

03

Keico Ishizawa

家内製手工業人

石澤敬子さん

おばあちゃんファッションが好き

私の友人の中でもとびきりユニークな存在、それが石澤敬子さんです。人気ブランド、「minä perhonen」（以下、ミナ）代官山店の店長を務め、忙しい日々を送る一方で、家内製手工業人「moss*」として作品の展示会やワークショップを開催していたり。かと思えば、旅先での記録をフォトエッセイとして出版したり、はたまた手芸作家としてハンドメイドの本を作ったりと、いくつもの顔を持つのが彼女の魅力であり、才能です。

そんな敬子さんが目指しているのは〝おばあちゃんのファッション〟。いつも個性的で唯一無二の装いをしている敬子さんのおしゃれのこだわりに迫りました。

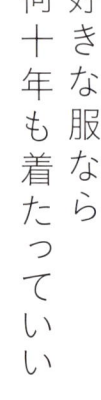

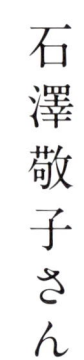

右/ ハンガリーやポーランドの普通のおばあちゃんたちを記録した自身の著書『おばあちゃんのエプロン』（mille books）はスタイルの原点。**上/** オーバーサイズのフォルムをベルトで締め、乗馬風パンツと合わせた独創的なスタイル。帽子はSugri。

「156cmと身長は高くありませんが、超ロングスカート（minä perhonen）の重めなバランスがいまの気分」

パフュームは重ねづけして、香りのブレンドを楽しむことも。ネイルとともにいつもそばに置いておく。

エストニアのおばあちゃんに学ぶ

敬子さんがおばあちゃん的なおしゃれに目覚めたのは、取材・撮影を兼ねたエストニア旅行がきっかけだったといいます。とあるおばあちゃんの取材をしていた時に、別の取材先としてその方の友人を紹介してもらえることに。

「ご紹介いただいた女性も80歳くらいのおばあちゃんでした。花柄のワンピースに身を包んだ姿が、とても可愛らしくて」と敬子さん。家に入れてもらうと、同じワンピースに身を包んだ若き日のおばあちゃんの写真が貼ってあるではありませんか。おそらく30年以上前の写真です。

「その写真を見た瞬間、これだ！って思ったんです。おばあちゃんは何十年経ったいまも、同じようにそのワンピースを愛用し、彼女らしく着こなしていました。日常のおしゃれってそういうことだなあと腑に落ちたんです。好きなものなら何十年着たっていい。私も着続けても嫌じゃない洋服を持つようにしようと心に決めたんです」

それからは、愛着を持って長く着られるものだけを買うようになったそう。とはいえ、人気ブランドの店長をしていたらシーズンごとに登場する、素敵な洋服を目にすることも多いはず。

「もちろんミナの服は大好きですが、私が持っている数は、他のスタッフに比べると少ないと思います。買う時は、おばあちゃんになっても着られるかイメージしながら吟味するので、ワンシーズンで飽きるなんてことは、まずないですね」

朽ちていく服を愛する

何十年も着続けることを考えて洋服を買うという話に驚いたと同時に、不思議な気持ちにもなります。私の場合、長く着るとしてもせいぜい10年ほど。昨年気

に入って買ったのに、今年はまったく登場していない洋服とクローゼットで目が合うことも珍しくありません。

「昔から、ものが朽ちていく様子が好きなんです。長く着るうちに洋服がほつれてきたら、直して、また使い続ける。そうすることであのエストニアのおばあちゃんのように自分の服になっていくと思っています。ただし、くたびれた洋服を身に着けるとしたら、靴やバッグは上質のものにするとか、大人としての清潔感やTPOを守ることは必要だと考えています。だから、周りの人には『私の服があまりにボロボロで、これはやばい！と思ったら注意してね』とお願いしているんですよ（笑）」

例えば20年後、身体が少し縮んで、背中もふんわり丸くなるころ、私は何を着ているんだろう。相変わらずチャーミングに違いない女友達とどんな話をしているだろう、と考えてみても、何も浮かん右/ メゾン・マルタン・マルジェラのTabiブーツは時代を超えた名作。中/ 東欧の民族衣装のエプロン。美しいプリーツがゴージャス。左/ ウクライナの民族衣装（ベスト）と中国・苗（ミャオ）族のプリーツベルトは、月１で通う赤坂蚤の市で購入したもの。

できません。でも実は、そう遠くない将来なのです。

敬子さんにとって、おばあちゃんになっても着られる服の基準はどこにあるのでしょうか？

「女性でよかったという優しい高揚感かな。例えば、花柄とか少しやぼったい雰囲気の生地や落ちついたブラウン系の色味の洋服などがそう。アイテムでいうと、ワンピースがとても好きです。身に着けると、立ち振る舞いや内面まで変わってくる気がしませんか？　女性であることを自然と意識させる、あの感じです」

香水とネイルに開眼

若い時から好きなものは変わらないという敬子さんに「年齢を重ねて、おしゃれに変化はありましたか？」と聞いてみました。

「最近になって、香水をつけるように

なりました。寒い季節には少し甘い花の香りを。暑くなってきたら、爽やかな香りのものなど季節で使い分けます。昔はデートなどイベントの日につけるものでしたが、いまはお化粧をするのと同じくらい自然な習慣に。年齢を重ねたからこそ、そのよさがわかる気がします」

自分で塗るネイルも最近の楽しみの一つ。時間をたっぷりとって、少しずつ丁寧に仕上げるプロセスに幸せを感じるのだといいます。

「ヘアメイクをしている友人との会話の中で『ネイルを自分で塗るときのしぐさは、女性らしくてとても美しい』という言葉を聞いた時、なぜか私、感動したんです。それまではネイルサロンに通っていましたが、いまは自分のために塗るひと時が癒しの時間です。サロンに通うより安いからとネイルカラーもよく買うようになって、今度はどの色にしようと迷う時間もなんだか楽しくて」

上/ ラルフローレンのブーツ。補修しながら25年目を迎える現役選手。**左/** 古着をリメイクしたmoss*のドレス。「革ベルトでウエストマークするのが最近のマイブーム」と敬子さん。

後日、再度考えてみました。私にとってのおばあちゃんファッションは何だろう？と。それはマダム風でもコンサバでもなく、流行にも左右されない、ただ愛おしいものに包まれているイメージ。

そう思っていたところ、かれこれ15年以上大切にしている、黒のストラップシューズが目に留まりました。おばあちゃんになっても可愛く履いていられたらいいな。そう思うと何だか私なりの小さな道しるべを見つけたような気分です。

03

profile

Keico Ishizawa　*Age 51

文化服装学院を卒業し、アパレル会社でパタンナーとして経験を積んだ後、ワンピースやウェディングドレスのオーダーメイドを始める。1988年にmoss*を創設。海外などで見つけた生地を使ってワンピースや小物類を製作する。
http://www.moss-moss.com

肩の力を抜いた途端に自分のよさが見えてくる

\# 04

chizu

スタイリスト

chizuさん

素敵さの基礎は姿勢

「ファーマーズテーブル」に勤務していたころ、よくリースに来てくださっていたのが、スタイリストのchizuさんです。いつも元気がよく、長身でスラリとしたルックスは当時から。周囲を清々しい空気で包むような、chizuさん特有のビッグスマイルに、私は密かに憧れの大人の女性像を重ねていたのでした。

その後、私は実家のある沼津に戻り、結婚、出産、育児を経て、長男の小学校入学と同時に「ｈａｌ」を開いて現在に至るわけですが、その間も雑誌や書籍の誌面で、いつも変わらぬ颯爽《さっそう》としたchizuさんの姿を眩《まぶ》しく拝見していました。なので、ＳＮＳで私をフォローして

トップスとボトムスの柄on柄の取り合わせには、優しいブラウンのジャケットとカチッとしたCHURCH'Sの紐靴が全体を調和させる鍵。ガーデンの風景をコーディネイトに取り込んだような楽しさ。

くださっていることがわかった時は、ひっくり返って驚いたものです。

chizuさんのおしゃれなところは、第一にその姿勢のよさです。先日、とある駅のエスカレーターですれ違いざまにchizuさんを発見した時のこと。周りにたくさんの人がいたので詳しい服装まではわかりませんでしたが、背筋がすっと伸びて、ふわふわのパーマヘアが風に揺れる姿は鮮烈で、遠目にも際立っていたのです。

もう一つは、遊び心があるところ。今回の取材でアトリエにお邪魔した時のchizuさんのファッションはというと、光沢のあるシルク地にビビッドな花柄がプリントされたシャツと、これまた色鮮やかなグリーンの柄物パンツ。プラスティックの大きな花やフルーツがついたビーチサンダルの足元を目にした時には、思わず微笑んでしまいました。きりりとした格好よさの中にキュートさがあって、

右/ 堂々のオールホワイトコーデ。全体の印象がぼけないよう、時計やベルトなどに黒を差し、足元はロールアップで軽やかに。**下/** 「眼鏡は軽いものが好き。鯖江で作られるものを応援しています」とchizuさん。スタイルを選ばないオーソドックスな色や形をチョイス。

「ファッションって楽しいなあ」という気持ちにさせてくれる。そんな着こなしをさらりとしてしまうのがchizuさんのすごさなのです。

私はというと、こうした遊びのあるコーディネイトは勇気がなくてなかなかできないのですが、今回、chizuさんの自由なスタイリングに触発されたのか、手持ちのアイテムで何か新しい組み合わせができないかなと、帰り道の電車に揺られながら、頭の中でシミュレーションしていました。

仕事のためのファッション

日本のスタイリストの先駆者として第一線で活躍し、40年というキャリアを築いてきたパワフルなchizuさん。現在も、インテリアや食まわりのスタイリングで、雑誌や書籍、広告など様々なメディアで活動されています。徹底した準備とクリ

「リラックスムードのスウェットも、質のよい素材ときちんとフォルムが計算されたデザインを選べば、ブーツに合わせるなど大人のコーディネイトにも活用できます」とchizuさん。トップスはIsabel Marantのもの。

エイティブな意識の高さはまるで職人のよう。その情熱が、業界の人たちから厚い支持を受け続ける理由です。

仕事への意識を変えるきっかけになったのは20代の頃の、ヘアメイクのともこさんとの出会いでした。小柄なベリーショートの女性で、荷物はいつもコンパクト。自己主張をせず、粛々《しゅくしゅく》とプロの仕事をするその姿に、内面から表れる格好よさを感じたのだそう。仕事の仕方やオリジナリティを感じさせるともこさんの着こなしにも影響を受けたとか。chizuさんの仕事のモットー「時間厳守と準備万端」は、その影響の一つと語ります。

そんなお話を聞いて興味を持った私は、「お仕事服を見せてほしい」とお願いしてみました。

chizuさんがラックから取り出したのは、白いシャツに白いパンツ、そして白いジャケット。全身白だなんて！　難度の高いコーディネイトに驚きつつも、小心者の私は、汚れちゃわないのかしらと心配になったりして。

「でも白は気合い入るのよ（笑）。撮影現場で邪魔にならない色を選ぶと、自然と白や黒などが多くなる。仕事日のファッションは、動きやすいことと清潔感が第一。撮影中はずっと動き続けているし、食べ物を扱う現場が多いからね」

そう言って、お茶をいれてくださる手元からのぞいたアルネ・ヤコブセンの時計は、「ランス」と呼ばれる槍形の針がエキゾチックで、ドキッとするような存在感を放ちます。chizuさんの個性が何層にも重なりあって生まれる、おしゃれの奥行きを感じた瞬間でした。

ファッション＝楽しむこと

長身でスラリとした体形なので、何でも着こなせそうなchizuさんですが、ファッションで最も心がけているのは、楽

ハワイのフリーマーケットで手に入れた籠バッグ。使い込んで艶のある飴色に。

C

A

D

B

しむことだそう。ルールに囚われず、自己流を足しながらコーディネイトすると、自身の気持ちが上がり、いい気分でおしゃれを楽しめるといいます。

「ここ1年の変化としては、大きな柄のものが気になり始めたことかな。例えばいま着ているこのシャツは『グッチ』なんだけど、そのまま着ると〝あのブランドのシャツ〟感が出てしまう。そういうの嫌なの。だから冬だと上からジャケットを羽織ったり、柄をチラ見せにして全身をまとめるんです」とchizuさん。

そして、手放す時も迷いません。

「いい気分で着られるうちはいいのですが、例えば、Tシャツなどくたびれてきたら潔く捨てちゃいますね。一日中イマイチなファッションだなーって感じながら過ごすなんて本当にもったいないと思わない？」

トレードマークでもある、ふわふわのパーマヘアを作るためのヘアサロンの所要時間は5時間（！）だそうですが、自分らしく装うために時間をかけられるのは、大人の特権でもあるのです。

自分のよさを見逃さない

最後に、いつもファッションを楽しむための秘訣を聞いてみました。

「年を重ねて体形を気にするのは仕方ないことですが、いったん受け入れて肩の力を抜いた途端に自分のよさが見えてくるんだと思います。だからそれを見逃さないで。いつも頑張らなくていいのよ。心地よくあること、そしてもっと遊ぶ楽しさを味わってね」とのアドバイス。

たくさんのことを経験することで育まれた心のゆとりが、chizuさんの人を和ませる独特の空気感に繋がっています。

私も、誰かがふと自分を思い出してくれる時に、笑顔であるような記憶を与えられたらと思うのです。

04

profile

chizu *Age 63

スタイリストとしてのキャリアは40年。主に食まわりやインテリアのスタイリングを手がけ、現在は商品プロデュースにも携わるなどさらに活躍の場を広げる。著書に『私をぐっと素敵に見せる大人のおしゃれのひとさじ』（PHP研究所）。

A/「奇抜なほど華やかな一枚だけど、少しずつ自分に馴染ませたい」（chizuさん）。**B/**アクセサリーや時計はミニマルに。寂しいと思う時に少しだけ。**C/**形が気に入ればメンズ物も積極的に着る。PRADAのボックスシャツもその一つ。**D/**ファンタジックなドリス ヴァン ノッテンのコートは10年選手。

生活もファッションも私らしく整理する

05

Toki Kasuya

プレス

粕谷斗紀さん

女らしい人

アースカラーのニットやリネンのワンピース。私も好きで、たくさん持っているナチュラルテイストのアイテム。でもこういった天然素材のシンプルな服は、色や形によっては少し地味な印象に映ることも……。50歳を超えて肌のくすみを感じるようになってから、「こういう服を着続けていいのかな」と不安になってきました。派手は嫌だけど、地味すぎるのも嫌。そういう気持ちがあるからこそ、洋服への迷いが出てくるのでしょう。

粕谷斗紀さんは、いつお会いしてもシンプルな装いが素敵です。私が着ると冴えないだろうアイテムも、粕谷さんが纏えばエレガントで、パリのマダムのよう。

いつもと変わらぬ笑顔で出迎えてくれた粕谷さん。春に発表されたfog linen workのマーラ コートがお似合い。「リネンは、コートでもジャブジャブ洗濯できて重宝するんですよ」

この違いが何から生まれるのか知りたくて、今回お話をうかがいました。

仕事のできる人

粕谷さんは現在、「fog linen work」(以下、fog)で広報の仕事をしています。私のお店「hal」では開店当初から商品を取り扱っているので、長いお付き合いになりますが、距離がぐっと縮まったと感じたのは、ここ3年ほど。fogでhalオリジナルのリネンワンピースをデザインさせていただくようになってからです。慣れないデザインの工程に時間がかかってしまう私に、「前回はこの色人気でしたよ」とか「迷われているなら、それはこちらで決めましょうか」など、いつも的確なアドバイスと気配りをしてくださるのが粕谷さんでした。

そんな粕谷さんのお仕事のキャリアは、雑貨スタイリスト・吉本由美さんのアシ

右/ fruits of lifeのブラウスと、fogで人気のフィオナ パンツのコーディネイト。**上/** サンダルは旅先のカナダで出会った。「セールだったのでグレーも。得意の２色買いです（笑）」

スタントからスタートします。

「10代後半からアシスタントをしていたころは、毎日のように都内のお店を駆け回り、たくさんの素敵なものを目にする日々でした。吉本さんは様々なものに精通していたけれど、自分のための買い物となるとほんのわずか。本当に好きか、自分のテイストに合っているか、ずっと使いたいかなど、よく考えていたのが印象的でした。かと思えば、直感を信じてパッと買ったりしてね。そんな風に自分のスタイルを大切にしながら、ものと付き合う姿をそばで見るうちに、自然と影響を受けていたのだと思います」

その後は、「SAZABY」、「キャトル・セゾン」でPRの仕事に携わり、結婚・出産を経てｆｏｇに転職し、広報担当として忙しい毎日を過ごされています。

「メディア対応の他、メールマガジンや、カタログ製作も大切な業務の一つ。すべてにいままでの経験が生かされてい

美味しいガレットとCAMPBELL'S Perfect TEAの紅茶に、おしゃべりも弾む。

ると感じます」と粕谷さん。穏やかな表情がこれまでの時間を物語るようです。

シンプルをおしゃれに

ご自身のファッションについて尋ねると「切っても切っても、シンプル」と愉快な答えが飛び出します。柄物は、ストライプのシャツが数枚程度とか。

「昔からグレーや、黒、白、紺、ベージュの服ばかりを着ているので、変化がないんでしょうね。最近も、久しぶりに会った友人から『本当にあなたって変わらないねー』と言われたばかり（笑）」

ここまでは私も同じ。好きな色やさっぱりとしたコーディネイト、趣向は似ているのに、一体何が違うのでしょう。

「自分に似合うと思ったら、同じものを色違いで買います。アイテムのバリエーションは多くなくていい、自分の顔や体形に合うことが優先なんです。シンプルなアイテムこそ、私にはコレという見極めが必要だし、たくさん着ることで〝モノにする〟ことも大事だと思うから」

娘さんと買い物に出かけた時に見つけたという白のTシャツも、こなれた印象で粕谷さんにとても似合っていました。

「これ、『アバクロ*』ですよ（笑）。くたっとした風合いと絶妙な白が気に入ってるんです。ブランドや値段に関係なく、もの選びは〝好き〟が基準」

では、年齢とともに変えていることはあるのでしょうか？

「ヘアスタイルのマイナーチェンジかしら。肩まで伸ばして結んだり、緩《ゆる》くパーマをかけたり。ここ数年ショートにしてからは、少し女性的なシルエットの服に手が伸びるようになったかもしれません。そして、帽子。去年からかぶるようになって。髪が短いとバランスが取れるからうれしくて」と、届いたばかりのパナマ帽を見せてくださいました。

*アバクロンビー＆フィッチ。アメリカのカジュアルブランド。

粕谷さんの手首に光るブレスレットは、友人でもあるZUBOのデザイナー・カナヤミユキさんに作ってもらったもの。一つ一つのアイテムはちょっとメンズっぽいのに、粕谷さんが身に着けると女らしさが際立つ。

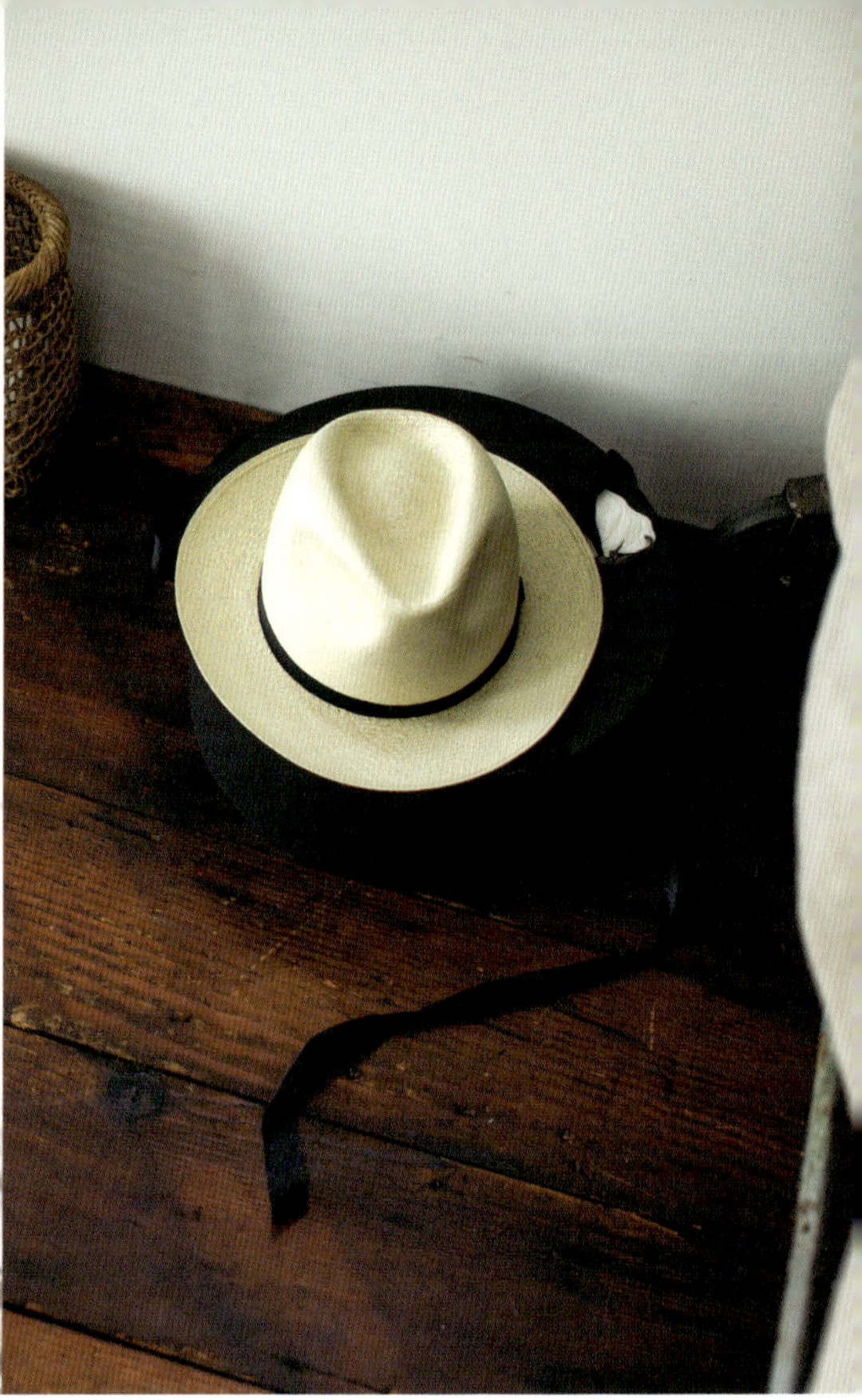

整理上手

粕谷さんは、私と同じ2人の子どものお母さん。仕事に家事に毎日とても忙しいはずなのに、いつも優雅で女性らしいから謎。普段の生活にも興味津々です。

「段取りはいつも考えていますね。ほとんどの家事は朝の時間に集中させていて、夕飯の準備も朝。家へ帰ったら揚げるだけ・焼くだけで夕飯が完成するように、仕込みをしておくんです」

なるほど！と、膝を打つと同時に「疲れませんか？」と少し心配になってしまいました。私なんて何をするにしても休み休みだし、年齢とともに動きがスローになったなあと感じるこのごろです。

「私も同じですよー。朝家事は、夜に自分の時間を持つためなんです。仕事から帰って、手洗いとうがいを済ませたら、まずはワインを1杯（笑）。これがオフへの切り替えです。そして、飲みながら

右/ 帽子店Sashikiのパナマ帽は、サイズを測って調整してくれるのでフィット感も抜群。中/ 透け感が美しいfogのロセリエスカーフ。左上/ miho umezawaのニットも色違いでヘビーユースする逸品。左/「祖母から母、そして私へ受け継いだもの」というカメオの指輪。

ごはんを作る。何も考えなくていい、リフレッシュできる時間なんです」

もの選びもファッションも生活のあり方も、自分なりの整理ができているから迷いがなく潔い。そして、こんな言葉に、粕谷さんの女らしさとたおやかな魅力がますます深まるように感じます。

「できれば、年をとっても女であることを忘れずにいられたらと思うんです。そう感じさせてくれる素敵な先輩たちを、私のお手本にしながら」

05

profile

Toki Kasuya *Age 53

SAZABY アフタヌーンティー広報室、キャトル・セゾン企画室等勤務を経て、現在はfog linen workの広報を担当。センスのよいもの選びと、シンプルなライフスタイルに業界内にもファンが多数。2児の母。https://foglinenwork.com

コーディネイトするときは自分らしさとミックスさせること

06

Kumiko Abe

料理人

アベクミコさん

いつもハッピーオーラ全開の人

とあるDJイベントに行ったとき、料理を出すカウンターから「後藤さーん！」と最高の笑顔で声をかけてくださったのが、料理人・アベクミコさんとの出会い。金髪にカーゴパンツ、なのにエプロンが妙に可愛らしかったのを覚えています。

その後、共通の友人がいることや、同じ音楽バーに通っていることも判明して意気投合。太陽のように明るいクミコさんのオープンマインドのおかげで、友人関係がさらに広がっていったのでした。

ちなみに私は、音楽好きに悪い人はいないという私見がありまして、そのせいか、ライブなど好みの音楽の流れる場所

キッチンでのワークスタイル。襟ぐりの開きが美しいTシャツ（homespun）、カーディガン（sacai）、丸眼鏡などさりげないおしゃれが光る。「Anatomicaがオリジナルで1枚だけ作ってくれた」というエプロンもファッションツールの一つ。

ちょっぴりドレッシーなスタイルには、MBTの靴と、珍しい迷彩プリントの持ち手の籠。

で出会った人とはその後も仲よくいられることが普段から多いのです。クミコさんとも、かれこれ4年のお付き合い。料理も人柄もカジュアルなのにひねりがある、そんなクミコさんにファッションの話を聞いてみたくなりました。

アパレル会社勤務から料理人へ

料理人になる以前、クミコさんは長くアパレル業界で働いていたそうです。当時、日本に上陸したばかりの「agnès b.」の販売をはじめ、様々なブランドの営業や店舗運営など幅広いセクションで、トータル17年以上のキャリアを積んだといいます。

「個性的でおしゃれな人も多く、特に80~90年代はファッションとカルチャーがシンクロする時代で、刺激的でしたね」

やがて忙しい日々の合間に、クミコさんは旅に出るようになります。

「旅先はいつも、アジア、トルコ、スリランカ、南米などみんながあまり行かないような所。元々料理も食べることも大好きだったせいか、味のバリエーションがあって自由でのびのびと調理するタイの魅力にはまったんです」

その後は、国内外でタイ料理を学びながら、料理を仕事にすることを決意。最初の会社を辞めた後の2年間は、タイでの長期滞在を繰り返していたそう。

「そんな中、日本でフード系のイベントに参加したり、主催したりするようになったんです。それからケータリングへと、自然な流れで仕事が広がっていきました」

そして2018年、東京・東中野でキッチン「DDD」をスタート。現在は、タイ料理のケータリングの他、プライベートダイニングでも活躍しています。

オフの日は、ワンピース（saintvetement）
も。金髪のショートヘアが最高のアクセ
サリー。

ミックスして外す

料理の世界へ転向して、ファッションに対する想いは変わりましたか？

「服は相変わらず好きです。ただ、普段は、スウェットにパンツ、エプロン。仕事上、動きやすさ重視でそればかり。だから、オフの時には無性にスカートをはきたくなったりするんですよ（笑）」

まるで男の子のようなコーディネイトも、クミコさんだと若作りな印象がまるでないから不思議です。一見オーソドックスに見えるスウェットは、実はヤクの毛を使ったとても上質なもの。コンパクトな肩まわりやストレートな脇のラインなどシルエットも絶妙なのです。

「やりすぎな感じや、決めすぎも居心地悪くなっちゃうんです。例えば、モードなデザインの服に古着やエスニックなテイストを合わせたり、別方向のものと

対談の途中、私の目の前にそっと差し出されたパクチーたっぷりのスープ。滋味深い味わいにほっこり。クミコさんの胸元に輝くチャームはNYのアンティークマーケットで購入したもの。仕事の時に必ず着けるお守りでもあるとか。

ミックスして〝外して〟いくのが好き」

どこかクミコさんの料理とも共通するお話です。

「両方とも感性とバランスが大事ですしね。流行があるところも同じ。毛嫌いするのでなく、新しい価値観を知ることは大切なことだし、要はどう取り入れるか。ずっと同じ味、時代の止まったファッションはつまらないから」といつもの笑顔。

やりたいことを後回しにしない

日本人が金髪にすると「ロック大好きな人」か「プロレスラー」っぽく見えがち（あくまで私の偏見）なのに、クミコさんの髪はとても自然で格好いい。

「以前はロングヘアで三つ編みにしたり、強めのパーマやドレッドも試しましたが、ここ数年は金髪のベリーショートが定番です。全体の印象が軽くなるし、

覚えてもらいやすいのがいいです。『あの金髪の人』って」

エイジレスなクミコさんですが、年をとることへの恐れはありますか？

「見た目としてはシミが増えないよう日焼けに気をつけたり、体形もキープするために運動したりと、努力はやっぱり必要です。自分の好きな服が好きなように着られなくなるのは寂しいから。若い時ほど時間は残されていない。だからこそ、自分のやろうと決めたこと、やりたいことを後回しにしないというのもいまの私のモットー。周囲にいる60歳前後のパワフルな先輩たちの存在が励みになっていますね」

お話を聞いていると、私も、日々に流されて後回しにしていることを一つずつ実現しよう、と勇気が湧いてきます。大人のファッションを大いに楽しむこともその一つなのです。

右/「ついつい集めてしまう」というヴィンテージスカート。写真はラルフローレンのもの。**中/** MOUNTAIN RESEARCHのパーカと合わせて。**左/** アクセサリーは欧米のアンティークマーケット等で購入。**右下/** アディダス スタンスミスとコンバースのスニーカーは、クミコさんにとって永遠の定番。

06

profile

Kumiko Abe

アパレルブランドの会社で働きながら、国内外でタイ料理を学び、料理人に転身。タイでのホームステイ、現地屋台での修業などの経験を経て、現在も食を探求し続けている。独自の発想で作るタイ料理がイベントやケータリングで大人気。
Instagram：@peaceful1024

ファッションにひと匙のファンタジーを

07

Tomoko Kuroda

アタッシェドプレス

黒田トモコさん

いつも、美しい何かを纏う人

黒田トモコさんにお会いすると、最初のひと言は決まって「それ、どこのですか⁉」。そう聞かずにおられないほど魅惑的な何かをいつも身に着けているから。そして審美眼を持つ、とはこういうことをいうのだろうなと感じるのです。

私が時折ファッションの企画で取材を受けると、「ナチュラル」「ベーシック」という枠で表現されることが多く、うれしい反面、少々複雑な気持ちです。時には冒険したり、変化できる自分でいたい、というのがいまの私の課題だから。

個性的なアイテムを、黒田さんのように自分らしく着こなすにはどうしたらいいか、それが今回のお題です。

TOWAVASEのツイードジャケットとANSPINNENのカシミアのストールの品が漂うコンビに、フリマで手に入れたワンピースの組み合わせ。「暑いんだか寒いんだか」と笑う黒田さん。

黒田さんが「現在、勉強中」と言うピンク。白・ベージュ・グレーなどと好相性で、意外とコーディネイトしやすい。
パンツは、-M-medium。

アトリエの棚には、お気に入りの本やCDが並ぶ。私には『A Cat's Life』（ディー・レディ、江國香織訳）をリコメンド。

デザイナーの想いもPRする

黒田さんは「alice daisy rose」というプレスルームを主宰するアタッシェドプレスをされています。

アタッシェドプレスとは、様々なブランドのPRをフリーランスで請け負う仕事。そのブランドのよさをデザイナーやブランドのオーナーに代わって、ファッション関係者やメディアに伝えたり、新作を発表する展示会の準備をするのもその一つです。

現在、黒田さんは10のブランドのプレスを手がけています。オリジナリティ溢れ、繊細な美しさに感嘆するものばかりで、展示会の知らせが届くたび、ひたすらワクワクしてその日を待ちわびます。

「私もです（笑）。展示会の準備は大変ではあるけれど、生まれたての作品に出会える喜びのほうが大きくて。私が担当するブランドは、女性デザイナーが1人で、あるいは小規模なアトリエで製作しています。どのブランドのどのアイテムも丁寧に作られ、クオリティが高く、その一つ一つに物語がある。私は彼女たちのもの作りとともにその想いも伝えたい。それだけです」

黒田さんは、担当するブランドの製作現場や工場を訪れることもしょっちゅう。

「もの作りの背景を知ると、言葉にリアリティが生まれるし、自分の言葉で伝えられると思うんです。アパレル企業に勤めていた会社員時代、洋服の企画アシスタントの子たちによく掲載誌をコピーしたいと言われました。聞けば、いつも無理を聞いてくれる職人さんや工場の方へ送ると言うんです。苦労して一緒に作ったものが誌面に載ると、すごく喜んでくれるからと。ファッションの世界って一見華やかだけれど、要《かなめ》となるもの作りは地道な努力と苦労の連続。目に見えない所で多くの人に支えられていることを

ジュエリーは基本的に重ねづけ。様々な色や輝きがブレンドされてコーディネイトに独特のニュアンスが生まれる。

実感した出来事でした」と黒田さん。プレスという仕事は単なる媒介者ではなく、ある種、職人のようなものなのだという強い意志を感じます。

先の話の通り、黒田さんは以前、大手アパレル会社に勤めていて、企画部でテキスタイルデザイナーとして経験を積んだ後、人気ブランドのプレスを担当していました。

「仕事内容はいまと同じですが、やはり当時は業務を確実にこなす、という感じだったかもしれない。会社の規模も大きくて、何もかも猛スピード。国内外から向かってくる仕事をどんどんさばく、という日々でした。いまはじっくり。自分が好きと思えるブランドだけのプレスをしているので、業務と感じることはなく、毎日がとても楽しい。よい種が大地にまかれ、やがて花や実をつけ、人々に喜んでもらう様子を近くで見させてもらっているような幸福感がありますね」

スパンコールのパーティーバッグも普段使い。デヴィッド・ボウイのポーチはどこへでも持ち歩く。

ニットはメンズサイズを愛用。ジャカード編みのセーターは旦那様のもの。左はANSPINNEN。

好きなもので固める

黒田さんのファッションといえば、「これとこれを合わせるの？」という意外性。そして、キメキメのおしゃれというよりは、肩の力が抜けていてこなれた印象です。黒田さん流おしゃれのルールは何ですか？

「どうしよう。ルールって言葉が、そもそも苦手なんですよね（笑）。ひと言で言うと、好きなものを好きに着ることでしょうか。ちょっと野暮ったい感じが好きで、コーディネイトには古着やメンズサイズのものをミックスします。素材、色、柄と柄の合わせ方、バランスなど、そこにはちょっとした〝ファンタジー〟が必要です。〝ファンシー〟ではないですよ。自分だけがわかるファンタジーを混ぜることが私と洋服の関係だと思います」と黒田さん。

それはきっと、ダサい、可愛いにカテ

ゴライズされる認識やファッションのガイドラインのようなものを、ふわりと煙に巻きながら飛び越え、突き抜ける、みたいなことのように思います。「ファッションは好きを極めていい！」と黒田さんの意識を変えたのは、結婚して2年間暮らしたロンドン。超がつくほど自分流ファッションを貫く人たちを目の当たりにしてからでした。

「例えば、真冬にペラペラのワンピースの上に毛皮を引っ掛けたり、ドレスの下にジャージを着ているおばあちゃんとか、柄×柄や色の合わせなども独特で。年齢や性別、体形に関係なく、そういうものが好きなんだ、という純粋さが伝わってきて、素直にいいなって思えたんです。その心意気にも圧倒されましたね」

ファッションは How to Live

そんな〝好き〟で集まった膨大なワー

上/ 携帯カバーはデヴィッド・ボウイ！
左/ 「これさえ羽織ればなんとかなる」という薄手のローブはfruits of life。セリーヌのショルダー、猫プリントのトート（ALAIN et JEAN）、Tabrikのカシミアパンツが旅先で重宝するベスト4。

ドローブの一部を見せていただきながら、どんな風にオーガナイズしているのかを尋ねました。

「私の人生に断捨離という言葉はありませんよ（笑）。クローゼットには、買ったまま5年くらい着てない服が平気であるし、それでも頭にはちゃんと入っているようで、突然『あれ着よう』となる。〝その時〟が来れば登場するんです。トレンドとは関係なくあの色が着たい、こんなシルエットのスカートをこう着よう、とか、その衝動は必ず降ってくるんです」

着たい！という欲求が本能的で、それに素直に従って、ファッションの化学反応を楽しんでいる黒田さん。常に愛情を注ぐ洋服に包まれながら、洋服からも愛情を受け取っている様子が伝わってきます。つくづく、ファッションはHow to Wear（着方）ではなくHow to Live（生き方）だと思うのです。

07

profile

Tomoko Kuroda　*Age 55

press room alice daisy rose主宰。デザイナーズブランドのプレスを経て2010年に独立。TOWAVASE、LiniE、MAISON RUBUS.、Tabrik、BonBonStore、DOIGTなどのPRを担当。個人でオンラインショップも運営する。
http://alicedaisyrose.com

右/ 職人によるハンドタックがふんだんに施されたTOWAVASEのワンピースにYAECAのウールボア、シャネルバッグというスーパーミックスコーデ。**上/** 英国のPENHALIGON'Sの香水「ブレナム ブーケ オードトワレ」は紳士用。「上品だけどクセのある香りが好きです」

自分にとっての本物を見極めることが人生の転機になる

08

Kyoko Sasaki

帽子デザイナー

佐々木恭子さん

古着との付き合い方

繊細なアンティークレースはうっとりするほど素敵だし、フレンチリネンにチクチクと入ったステッチもたまらなく可愛い！　なのに「いざ、着よう」となると、どうにも組み合わせが思いつかない。私の一方的な片思い、それがヴィンテージ古着です。

ところが、いくつになっても上手に古着を着こなす、すご腕の友人が何人かいます。そういう人はたいてい、古着と現代のものをうまく織り交ぜて、自分らしさに変えてしまう才能の持ち主です。今回お話をうかがった佐々木恭子さんも、その一人。ヴィンテージドレスをさらりと着こなすおしゃれな女性です。

ジョッパーズはアンティークのリネン生地のため、同じような古いリネンで自ら継ぎはぎ。手縫いの跡がチャーミング。

Shiresの乗馬用ブーツは、編み上げタイプと２足を愛用する。愛猫レオは、家族の次男坊的存在。

お気に入りの麻のバケツ形バッグは、現在2代目。東京・西荻窪の松庵文庫で購入した籐籠と。

「そのセンスをどこで身につけたのだろう?」と、ずっと不思議に思っていました。私にもそんな力があったら、もっと装うことが楽しくなるのに、と。

帽子から見えてくること

佐々木さんの職業は帽子デザイナーです。文化服装学院を卒業後、帽子の専門学校「サロン・ド・シャポー学院」で学び、オートクチュールの帽子を請け負うアトリエに就職しました。10ブランドほどの帽子を作り続ける忙しい日々を送りながらも、帽子作りの技術を高め、やがて独立。自身のブランド「Sugri」を立ち上げたのは、2002年のことです。

訪れたアトリエには、昔の女優さんのようなつばの広いハットやカジュアルな麦わら帽など表情の異なる帽子が所狭しと並んでいました。ヘッドドレスやオブジェのようなコサージュもSugriの定番です。基本的に、製作はこの場所で、佐々木さん自身の手で行なわれます。

「できるだけ手仕事の風合いが感じられる帽子やコサージュを作りたいと思って、このブランドを立ち上げました。古くから愛される伝統的なものやクラシカルなデザインの機能美に、昔から魅力を感じているんです。Sugriのもの作りのうえでも、目指したい世界ですね」と佐々木さん。

好きな世界を育む努力

そんな佐々木さんですが、妊娠中からお子さんが2歳になるまでの期間は、大好きなファッションから遠のいていたそうです。それは、佐々木さん曰く、浦島太郎の2年間。

「育児中は仕事もあって、とにかく忙しかったんです。心に余裕がなくて、服を買った記憶もないほど」と当時を振り

Sugriの企画展のために作ったインドシルク製パンツには、カディコットンブラウス（SCRUMPCIOUS）とアンティークの民族ベルトでミックスコーデ。ファー付きのミュールが名脇役。

返ります。

やがて出産を機に、念願だった自身のブランドSugriをスタート。時間も準備もできた、なのにデザインが描けない！

「理由は明白でした。妊娠から産後までの間、美しいものや好きなことに触れる機会が物理的に持てなかったことで、アイデアとかイメージソースとなるものが自分の世界から枯渇《こかつ》していたんですね」

佐々木さん、そこからがすごいのです。

「お金を貯めて、3カ月間パリへ行ったんです。生まれて間もない娘を連れて。パリでは毎日、予定を入れず娘とひたすら散歩していました。貧乏旅行なので、買い物は必要最低限の仕入れだけ。それでも街で目にするアートや人や建物、食べ物、すべてが新鮮でした。マーケットは、アンティークリネンやシフォン、リボンなど私の好きなものの宝庫で、見て、触って、本物のよさを味わうこともできた。日々の感動が身体の中に染み込んで

右/ 佐々木さんのオススメにどんどんトライ。意外なものが似合うと歓声が上がってうれしい気持ちに。佐々木さんのドングリコサージュは、自身の作。**中/** Sugriの帽子は（レオも）、絵になる佇まい。**左/** メインクローゼットは、海外仕様の大容量がお気に入り。

いくようでした」。弾むような気持ちと確信を携えて帰国。Sugriを本当の意味で出発させることができたのです。

「ある時期、好きなものと離れて、そしてゼロから見つめ直したことで、改めて自分の愛するものややっていきたいことがわかりました。この旅は一生の宝物です」

50歳からの軌道修正

取材当日の佐々木さんのファッションは、アンティークのワンピースにゴールドのニット、首元にはドングリのコサージュが施され、おしゃれ上級者でもさらに上の着こなしです。こういったクラシカルな雰囲気の服は魅力的で大好きなのですが、手強いのも事実。さらに古着となると「おばちゃん」風になる可能性大です。どうしたら難しいアイテムを自分らしく着こなせるのかを探るべく、私は

右上/ パリ滞在中に手に入れた古いブローチ。**右/** 青のキルティングベストは企画展の際、アンティークのトワルドジュイ*で製作した。**左/** 使い込まれた和家具には主に生地のストックを。整頓されたレースやシフォン、リネン類が"その日"を待つ。

*トワルドジュイ（Toile de Jouy）：18世紀ごろのフランスの人物、風景、神話、天使がモチーフになった布や柄のこと。ロココ調絵画を思わせるデザインが多い。

佐々木さんのおしゃれ遍歴を聞きました。

「専門学生の頃は、いわゆるDCブランド全盛の時代で、全身同じブランドでビシッと決めるのが当時のおしゃれの基本でした。でも私は『ATSUKI ONISHI』や『コム・デ・ギャルソン』などの個性的な服を古着と合わせたり、テイストをミックスする楽しさに夢中だったんです」

佐々木さんは、年齢とともにおしゃれを難しく感じることはないのでしょうか？

「娘に兼用しようと言われて買ったドクターマーチンの靴は、黄色のラフなステッチが自分の顔と合わないと気づいたけれど、まあいいかと。万能な乗馬用ブーツが私にはあるし、それをはけばコンプレックスの太い脚を隠せて一石二鳥だしね（笑）」

わかります。私も密かに"顔が追いつかない"服と格闘する日がありますから。

「後藤さん、似合わないと気付いたら、

そこは潔く手放さなくちゃ。そして、マニュアルやトレンドでなく、好きなものの中から次に似合うものを選ぶことです。それを繰り返すと自分を生かす引き出しが増えて、スタイルの輪郭も濃くなっていくと思います」

自分で自分のことを決める、というのは実は勇気が要《い》る作業です。でも「〜たら」「〜れば」に逃げずに、ちゃんといまの自分に向き合わなくては。佐々木さんの姿に背中を押されるようです。

08

profile

Kyoko Sasaki *Age 52

文化服装学院、サロン・ド・シャポー学院卒業の後、アパレルブランドの帽子デザインを手がけ、帽子デザイナーとして独立。2003年春夏コレクションより帽子ブランドSugriをスタート。作品は百貨店、セレクトショップ、ウェブストアで展開。

https://www.sugri.net

マイワールドを耕すと答えが見つかる

09

Chinatsu Koyama

アーティスト

小山千夏さん

土地に根付いたファッション

店も自宅も静岡にあるので「海も山もあって、温暖そうでいいね」とよく言われます。でも私としては、鎌倉や逗子、横浜など、自然とカルチャーがミックスされた場所に昔から憧れがあるのです。

そんな私にとって「鎌倉の人」は、今回登場していただく小山千夏さん。洗いざらしのコットンやリネンのアイテムにビーチサンダルなど、海を感じさせるファッションが千夏さんのいつものスタイル。それは、鎌倉の風景の一部のようで素敵です。私がその土地ならではのファッションに惹かれるのは、独自の価値観と人々が快適に過ごすための知恵が詰まっていると感じるから。

アンティークバイヤー・HAFAさんのイベントで手に入れたアンティークのジャケットは、中国の山岳民族の衣装。装うことで遠く離れた土地や文化、日々の生活へ想いを馳せる。

袖が特徴的なブラウスは、身頃の生地にアンティークリネン、袖にはカディと使い分けるこだわりぶり。真鶴で活動するSCRUMPCIOUSと手がけた思い出の一枚。

クリスタルのペンダントはプリミティブな輝き。後ろ身頃が長いSO SEAのモコモコベストは保温性抜群。おばあちゃんにも大人気だとか。

カディコットンに魅せられて

千夏さんはアーティスト活動とともに神奈川県鎌倉市で「fabric camp」というお店を営んでいます。主な商品は、カディコットン（以下、カディ）とブロックプリントの生地。選んだ生地で洋服に仕立ててくれるサービスもあり、リピートされる方も多いそうです。

カディとは「The fabric of freedom」ともよばれるインド伝統の手紡ぎ手織りの生地のこと。

インドがイギリスの植民地だった時代、「インド独立の父」として知られる政治指導者マハトマ・ガンディーは、インド人の自立のために他国製の機械織りの布ではなく自国で作った手織りの布を使おう、と促しました。その運動により、インド国内に雇用が生まれ、手仕事の文化を守ることにも繋がりました。いまでもカディはインドで「自由の象徴の布」として認知され、たくさんのインド人女性の雇用を担っています。

カディを知り、肌触りだけでなく、そんな文化的背景にも千夏さんは惚れ込んだのでした。

「年を重ねて、ちょうど厚手のリネンなど重い服に手が伸びなくなっていた時にカディと出会ったので、その軽さと肌触りのよさと着心地の素晴らしさに余計とりこになっちゃったの」と当時を振り返ります。

手紡ぎのため布に通気性が生まれ、軽くて速乾性もあるというのは、私も体験済み。

「1年中、本当に着心地よくて。カディを一度着ると機械織りの服には戻れないよ」（千夏さん）

おしゃれの基準

取材当日の千夏さんは、藍染のチャイナカラーのジャケットにカディデニムのパンツ。素足に履いたモカシンが春らしくて爽やか。100%ノーメイクという素肌には清潔感が漂っています。

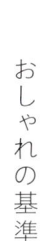

「このジャケットは中国の山岳民族のもの。そのまま羽織ったり、前ボタンを留めてチュニックのように着たりと便利だから、つい手が伸びてしまう一着なの」

自然体で味わいのある装いが似合うこと。実はこういうタイプのファッションこそ、〝スタイル〟がない人には一番難しいと思っている私です。ここでいうスタイルとは、体形のことでなく経験で培われる独自の感性みたいなこと。

「展示会を開くことも多いせいか、普段から作っている人の顔が見えるものしか着ていませんね。そう決めているというか自然とそうなった感じ。身に着けて

右/ 藍で染められたシルク地に、細かく手刺繍されたmaku textilesのショートジャケットには、海藻で作られた首飾りを。**中/** 友人の作家たちの手によるアクセサリー。**左/** ドアに掛かった大きなバッグはインドの遊牧民の袋、手前はEDANEのバッグ。持ち手部分を千夏さんがリメイク。

いることで、彼らに守られていると思えるのは幸せなことです」

この日お話を聞いた中で印象的だったのが、鎌倉の人は「その格好で東京に行けるかどうか？」がおしゃれ着の基準になるというお話でした。鎌倉なんて東京に近いのに、と驚いたのと同時に自分も東京に行く時には、仕立てのいい靴を選んだりしていることを思い出し、内心ハッとしたりして……。

「で、千夏さんは？」と聞いてみると、「私は気にしないで出かけちゃうの」ときっぱり。「冠婚葬祭を除いて、基本TPOはわきまえないの」と続けます。

そういえば、数年前に東京・表参道で、千夏さんとバッタリ会ったことがありました。服装もはつらつとした笑顔も、鎌倉でお会いした時と同じでした。心地よさげな素材に身を包み、都会の真ん中で、のびのびリラックスした出で立ちが輝いていたのを覚えています。

可愛いことが大事

今回見せていただいた千夏さんの洋服や靴を入れたバッグは、素材といい柄といい、どれも可愛らしくて印象的でした。「そうなのよー。可愛くないバッグは持つ意味なくない?」。その言葉に大笑い。見渡すと、店の棚に置いてあるもの、セロハンテープで貼り付けた落書きなど、仕事場は千夏さんワールド全開! こういったセンスやオリジナリティーって努力で作れるもの?とふと考えてしまう。「昔から、流行のものや人に憧れたり真似たりすることに興味がなかったの。例えば聖子ちゃんカットが大流行《はや》りした時も私はおかっぱだったし、自分とは重ならなかったのよね。あ、映画で観たジーン・セバーグやアーティストのジョージア・オキーフの美しさは強く印象に残ってた。きっと彼女らの内面から溢れる美しさや毅然とした生き方に、子どもながらに惹かれていたんじゃないかな」

自分に正直であることは、センスを磨く鍵。ならば、心から可愛いと思えることにだって胸を張っていい。そんな小さな発見に密かに感動する私でした。

09

profile

Chinatsu Koyama　*Age 55

東京生まれ、鎌倉育ち。永井宏さんのサンライト・ギャラリー勤務を経て、個展・グループ展を多数開き、ディスプレイや雑貨の企画等多岐にわたって活動。2011年fabric campをオープン。天然素材や手仕事の生地、それらを使ったオーダーメイドを扱う。お店の情報はfacebookの「fabric camp」を。

お店のレジスペース兼製作場所にて。古い端切れや様々なジャンルの本、ミシン、謎の物体等々、千夏さんの世界がぎゅっと詰まったコックピットのよう。

その時代の美学を
全身で味わう

10

Yukie Takiguchi

アートディレクター、
ヴェラ・ニューマンコレクター

滝口由紀江さん

特定のブランドに熱中する

大胆なモチーフとカラフルな色使いが魅力のテキスタイルデザイナー、ヴェラ・ニューマン。1945年にテキスタイルの会社を設立し、ファッションからインテリアまで幅広い分野でアーティスティックなテキスタイルを生み出しました。彼女の作品はMoMA*をはじめ英米の美術館にもコレクションされるなど、アメリカを代表するアーティストとして現在も高く評価されています。

そんなヴェラに魅せられ、コレクターになったのがアートディレクターの滝口由紀江さんです。「会わせたい人がいる」と共通の友達から紹介されたのが出会いのきっかけ。出会ったころの滝口さ

*アメリカのニューヨーク市にあるニューヨーク近代美術館（The Museum of Modern Art）のこと。通称「MoMA（モマ）」。

右/ 所有するヴェラ・ニューマンのヴィンテージブラウス。1枚の絵を纏うようなプリントデザインはいま見ても新鮮。
上/ 音楽やアート関連の本で天井まで埋め尽くされた本棚からは広範囲にわたる好奇心が一目瞭然。

英国ブランド、ジャン・ヴァロンの60年代のワンピースはこれからお直し予定だとか。以前ネットで知り合った方から譲られた想い出深い一着。エヴァ・ザイゼルの食器は1952年製。25歳ごろから徐々に集め始めたそう。

左/ フィリップ・トレーシーのクラッチ。珍しいアンディ・ウォーホル作品のプリントシリーズ。**右/** ガラスビーズで作られたコスチュームジュエリー。ネックレス、ブレスレット、イヤリングはすべてミリアム・ハスケル。

んは、真っ黒なボブヘアで少しシャイな印象。伏し目がちな瞳がキラキラと輝いていて、まるでフランス映画「女と男のいる舗道」に出てくる女優、アンナ・カリーナのようでした。

私たちの共通項は、音楽、そして作家の向田邦子さんのファンであること。別の友人と3人で「向田会」を結成したのが5年くらい前の話。それからは、ライブやDJイベントで会ったり、食事に行ったりと、親交は着々と深まっていき、以来、私は親しみを込めて「ゆきえ姐《ねえ》」と呼ばせてもらっています。

ヴェラをコレクション

ヴェラとの出会いは、ゆきえ姐の学生のころ、古着屋で見つけたツートーンカラーのスカーフに端を開きます。大学では染織専攻だったこともあり、やがてテキスタイルデザインとしての素晴らしさに興味を深めていったそう。

話には聞いていたゆきえ姐のヴェラコレクションをついに見られるとあって、前の日から私も大興奮でした。果たして……。ラックにはカラフルなアイテムがぎっしりと並び、洋服だけでも80着ほど。スカーフや小物と合わせると150点近くあるというから驚きです。

その中から、ゆきえ姐が私に着せたいと取り出したのは、レモンイエローの大きな花柄のシャツ。ひと言で言うと「私らしくない服」です。ところが、袖を通して鏡を見ると、私の顔が明るいのです！　こういう発見って楽しい！

長期にわたって活躍したヴェラですが、ゆきえ姐は、ほぼ1950年代後半〜60年代のもの限定で蒐集《しゅうしゅう》しています。

「この年代に強く見られる、ヴェラ本人の手描きの跡が残ったテキスタイルが大好きなんです。私のコレクションは着ることが大前提なので、コットンやシル

私が着用したヴェラのブラウスも1950年代のもの。色違いで3着持っているそう。

クで作られていた時代のものがメイン。ただ最近は自分の年齢が上がり、若いころ好きだったAラインのワンピースや強い色合いが似合わなくなったので、袖や襟などのデザインはドレッシーに、スカート丈も長くなる1968～72年ごろに少しだけスライドしたら、またフィットしてくれたのよ」と、さすがのこだわり。

お直しを丁寧に

ヴェラに限らず、古着、特に海外ものはサイズ合わせも難しそうに感じます。
「古着というと安いものに感じますが、大人がきれいに着ようと思ったら、お直し代は意外とかかってしまうのが常。特にサイジングでは肩の位置に気をつけています。ヴィンテージの服は修繕技術も重要だし、洋服に合わせた糸の色一つにも気を遣いたいところ。ここ数年依頼している仕立て屋さんは、洋服に対する深い愛のある方で、服のステッチの一部をほどき、その糸を使ってまた縫ってくれることもあるんです」

イメージの中にどっぷり浸かる

先日参加した、ある集まりには「ポール・ウェラー*にちなんだものを身に着ける」というドレスコードがありました。ゆきえ姐は、白いカットソーに白いスリムパンツ、白い旗を片手にＴＨＥ ＪＡＭのレコードジャケットさながらのコーディネイトで登場し、みんなの度肝を抜いたのです。

去年のモッズメーデーの時には、ダスティ・スプリングフィールド**の写真を見せながら、新宿・歌舞伎町の美容師さんに頭を付け毛で巨大に盛ってもらったりと、彼女のおしゃれへの探究心を物語る逸話はつきません。

最後にたずねました。「おばあちゃん

*ポール・ウェラー（Paul Weller） 英国のミュージシャン。ザ・ジャム、スタイル・カウンシルを経てソロで活動中。ファッションの影響力も高く今も支持は高い。 **ダスティ・スプリングフィールド（Dusty Springfield） 1960年代に活躍した英国の女性シンガー。ボリュームあるヘアスタイルやメイクなども注目された。

上/ 白黒のオプ柄バッグはフィリップ・トレーシー、グリーンのベルベットはMISSONI、右はピエール・カルダン。「バッグや靴は現代のものが好きなんです」。**右下/** ヴィンテージスカーフを使ったヘアアレンジもゆきえ姐の十八番。

になってもヴェラを着たい？」

「髪が白くなったらヴェラのきれいな色がもっと映えそう！　自分で似合うと思う限りは、いくつになっても着ていたいな。ヴェラ自身、80歳を過ぎてもデザインを続け、楽しんでいた人。そういったところもリスペクトしているし、理想でもあるの」と明解です。

「60歳になってもつけまつげはするよ！」と宣言するゆきえ姐に会って、ファッションは、情熱と心意気だと再確認した一日でした。

10

profile

Yukie Takiguchi　*Age 52

50年代後半から60年代の映画や音楽、文化を好み、趣味はアメリカのデザイナー、ヴェラ・ニューマンのヴィンテージドレスやエヴァ・ザイゼルの陶器の蒐集。仕事はＩＴ分野のアートディレクター。
http://mini-affair.com

Column

先輩たちへのQ＆A

Q1　小さいころは何になりたかったですか？

Q2　これまでで受けたベストアドバイスは？

Q3　落ち込んだ時の対処法を教えてください

Q4　朝起きて一番にすることは？

Q5　寝る前にすることは？

Q6　自分らしさを3つの言葉で表すと？

Q7　暮らしのモットーを教えてください

Q8　ご自身の10年後はどんな装いをしていると思いますか？

Q9　近い将来、楽しみにしていることがあれば教えてください

#01

川崎淳与さん

Atsuyo Kawasaki

A1　小学校の先生

A2　残念ながらありません

A3　自問自答を繰り返し、繰り返し、頭の中で話します

A4　テーブルにつき、新聞を読みながら日本茶か白湯を飲みます

A5　翌日のスケジュール確認

A6　感謝・笑顔・思いやり、かな？

A7　花と絵と彫刻のある暮らし

A8　変わらないと思いますが、バッグは小さくなっているかな～

A9　小さな旅。3カ月くらいパリに…

#02

大橋利枝子さん

Rieko Ohashi

A1　ピアノの先生

A2　直感を信じる

A3　お風呂に入ってからよく眠る

A4　水を飲む

A5　深呼吸

A6　にっこり・うっとり・うっかり

A7　思いやり

A8　自分のデザインしたシルクの服

A9　次のシーズンの服が仕上がること

石澤敬子さん

#03

Keico Ishizawa

A1　カフェスペースもあるようなケーキ屋さん

A2　あるがままを愛しなさい（『なまけ者のさとり方』タデウス・ゴラス他著より）

A3　どん底まで落ちてゆきます。そこから這い上がるのに、好きなワインの力を借ります

A4　いつもはカフェオレを1杯、花粉舞い散る季節にはヨーグルトドリンクを1杯、ゆっくりと飲みます

A5　爪にマニュキュアを塗る。好きな写真集を見る

A6　nostalgic・romantic・drinker

A7　自然体でいること

A8　きっと変わらないと思います。変わらない装いをしていたい

A9　恋愛のゆくえ

chizuさん

#04

chizu

A1　幼稚園の先生

A2　悩み事は、朝、陽のあたる時に考える。夜は考えない

A3　とことん落ち込む

A4　シャワーを浴びる

A5　手帳にその日の出来事を書く。時間軸で

A6　しつこさ・おっちょこちょい・もの忘れ

A7　丁寧に

A8　いまと変わりない…と

A9　元気に年をとる

粕谷斗紀さん

#05

Toki Kasuya

A1　インテリアデザイナーになりたかったけれど、算数が苦手で断念

A2　父の「Simple is best」という言葉

A3　ワインを飲んで一晩寝る

A4　部屋の窓を開けて空気を入れかえ、コーヒーをいれる（途中で寝てることが多い）

A5　カソリックの学校で育ったので感謝のお祈り

A6　せっかち・没頭型・おっちょこちょい

A7　いろいろなことを複雑にしない

A8　きっといまと同じような格好をしていると思う

A9　日々、小さな楽しみがたくさん。朝のコーヒーや家族との食事、日帰りの小さな旅など

アベクミコさん

#06

Kumiko Abe

A1　演奏家

A2　いつも心の先だけは、ピカピカに光らせていてね

A3　空を見上げて深呼吸！を何度も繰り返します

A4　窓を全開にして、新しい空気を入れます

A5　犬の頭を撫でて、おやすみのあいさつ♡

A6　いつも笑顔でいること・フェアであること・どんな人でも一度は好きになること

A7　おいしく楽しく

A8　いまよりもう少し女性らしい装いができていたらいいなと思います

A9　キッチン（DDD）を持って今年で2年目。悩みもたくさんですが、新しい一年が楽しみでもあります

黒田トモコさん

#07

Tomoko Kuroda

A1 何かものを作る人。だからクリエイティブな人に憧れます

A2 独立する時に友人が高村光太郎の言葉「明日はいつも新しい」と書き添えてくれたメール

A3 明日はいつも新しい、と思うこと

A4 愛猫ごまちゃん（20歳）をなでることから一日が始まり…

A5 ごまちゃんをなでることで一日が終わります

A6 人見知り・マイペース・ダメダメ

A7 好きな人と好きな時間を過ごすこと。これが意外と難しい

A8 いまの野暮ったい感じに、もう少しファンタジーをプラスする予定

A9 旅行かな

佐々木恭子さん

#08

Kyoko Sasaki

A1 妖精・妖怪の類いの自然霊にゆくゆくはなりたいと思ってました

A2 ないものより既に持っているものの数を数える

A3 とことん向き合い、その時出せる答えをとりあえず出す

A4 まずはコーヒー

A5 特にないですが…、空想くらい

A6 自由・両極・閃き

A7 なくて少々不便でも気に入ったものしか買わない

A8 大ぶりサングラス、大きな宝石。意外とパンチが効いてくるかも？

A9 新しいアトリエの庭作り

小山千夏さん

#09

Chinatsu Koyama

A1 一般的な職業ということでは、ほんとにありませんでした。それはいまも変わらないかな

A2 きっとたくさんあると思うのですが、まったく思い出せない

A3 落ち込まない

A4 歯磨き

A5 読書

A6 なし

A7 なし

A8 カディを着ていると思います

A9 近い将来の楽しみはたくさん！　遠い将来のことは考えません

滝口由紀江さん

#10

Yukie Takiguchi

A1 特になし

A2 迷ったら買っとけ！

A3 自転車飛ばして、遠くへ遠くへ

A4 あいさつ。それから猫さまの朝餌をご用意

A5 足を温める。録りためた映画を観る

A6 真面目なミーハー・楽天的・ずぼら

A7 上を向いて歩こう

A8 どうでしょう。何が好きか自分でも楽しみです

A9 ヴェラ展Vol. 2の計画とロードレース参加

第3章

私の装い　いまの気分

取材した先輩方のようにおしゃれ上級者ではありませんが、私なりに年齢に寄り添うおしゃれについて、ここ10年ほどで気がついたことをまとめました。

自分に似合うかどうか、小さな意識を持つことで、おしゃれがもっと楽しくなるはずです。

Specia Thanks: Clematis no Oka
(https://www.clematis-no-oka.co.jp)

Coordinate

case_01

Vネックとボリュームスカートで、見せると隠すをコントロール

Vネックのニットが好きです。首まわりや鎖骨のあたりのラインを出すことで、ほっそりと女性らしく見えるからです。尊敬するスタイリストさんがショートカットで、いつも着こなしが素敵なのに気づき、これはヘアの力もあるはず、と勝手に解釈しました（笑）。

Vラインを強調するようにネックレスを合わせることも多いです。今回つけた1粒パールのような印象的なアクセサリーで、視線を上に集めるといいですよ。

ニットを選ぶときのポイントとしては何よりも丈。長すぎず、短すぎず、ウエストジャストくらいの丈が理想的。この長さだと、写真のようなボリュームのあるロングスカートもウエストがもたつか

ニット：evam eva　ピアス：shuó　ネックレス：MAISON RUBUS.　スカート：12closet　靴：trippen
バッグ：MERCADO

ず、すっきり見えます。特に私のような小柄な体形には、ニットのサイズ感はとても重要です。丈が合い、きれいに見えるものをとことん試着するといいと思います。

　着用している「evam eva」のリネンニットは、Vネックに七分袖と最強のほっそり仕様。首まわりに加え、手首の細い部分も強調されます。さらにお腹まわりはゆったりした作りで、あちこちお肉がついてきた私たち世代の味方のような一着なのです。見つけた時はうれしかったなあ。

　今回は歩きやすい「trippen」の靴と籠バッグを合わせましたが、もう少しお出かけ仕様にしたければ、かちっとした革のバッグや、少しヒールのある靴をチョイス。高級感のあるレストランへも行ける感じになりますよ。

Coordinate

case_02

大人こそローブで縦長シルエットを手に入れて

私にしては珍しいデニムのパンツ。これは「Johnbull」のもので、コットン生地の質感のよさと、ゆとりのあるシルエットが、太めな下半身をカバーできるかも？と購入しました。

薄いグレーのローブはスタイリスト・小暮美奈子さんが手がけるブランドのもの。シルクなので透け感もあり、とにかく軽くて温かい。高級感のある贅沢な一着です。

ちなみに、ここ数年、シルクの光沢感が大人の肌を華やかに見せてくれると感じて、注目しています。シルク100％にこだわらず、麻混や綿混のものも気軽に扱えておすすめです。

ローブやロングカーディガンは、私のように小柄な人だと着こなすのは難しく感じられるかもしれま

カットソー：Le pivot　デニムパンツ：Johnbull　ローブ：-M- medium　バッグ：KO　靴：CHURCH'S

せんが、中に着るトップスをウエストジャストの丈のものにしてコンパクトにすれば大丈夫。これなら、ボトムスがロングスカートやワイドパンツでもお腹まわりにボリュームが出ず、ローブやロングカーディガンで縦長のシルエットが強調されますから、全身スラリと見えます。

トップスのカットソーはウエスト部分にサテンの切り替えがあって、色も白とハイライト効果があり、重ね着する場合に最適な一着。カットソーは若い人向けのものが多く、胴まわりや丈が合うものがなかなかないので、いいものに出会えたら買うようにしています。

靴とバッグはどちらもモノトーンですが、白黒のコンビ靴だったりフリンジがついていたりと、少し〝クセ〟があるのが好きです。

Coordinate

case_03

基準は誘われたら そのまま出かけられるファッション

ご近所を歩いたり、ちょっと近くまで買い物に行くとしたら、1枚でさまになるアイテムでコーディネイトすることが多いです。普段着でも、誘われたらそのまま出かけられるくらいの格好はキープしたい。もちろん清潔感があること、手入れがしやすく、動きやすいことも大切です。

私が持っているスカートやパンツなどのボトムスは、黒系のものが断然多いので、顔まわりを明るく見せたくて、時々暖色のトップスが欲しくなります。この「UNIQLO」のえんじ色のニットもそういう気持ちで購入したもの。UNIQLOのニットは形がよく、デザイン性にクセがなくて使いやすいから私の定番アイテムの一つです。

ニット：UNIQLO　スカート：RaPPELER
靴：COMME des GARCONS
バッグ：石川ゆみさんのリネンバッグ
ピアス：shuó

こうした日常使いのニットは、ホームクリーニングで洗いながら、毛玉ができてやつれてきたら潔く処分。手頃な値段のファストファッションだからこそ、いつもきれいな状態で着たいと思っています。

反対に、スニーカーは例外として、靴は手入れしながら長く履きます。この「コム・デ・ギャルソン」のストラップシューズは、なんと15年選手。よく見るとほつれがあるし、革も古びていますが、何度か修理に出しつつ、いまも現役です。

靴は、買ったらすぐに靴のリペア屋さんに出して、底を貼ってもらうようにしています。底が傷まなければ、基本的には長く使えますし、傷がついていても足になじんだ靴には愛着が生まれると思っています。

Coordinate

case_04

時には気持ちの華やぐきれい色を纏う

最近、このリネンの赤いカシュクールワンピースを買いました。これまでは、ストールやバッグなどの小物で赤を差し色として取り入れてきましたが、いまこそきれいな色をそのまま身に着けたいと思ったのです。すでに活躍中の一着ですが、友達に「似合うねー」とほめられてウキウキです（笑）。

赤といっても様々です。このような落ち着いた赤だったから私でもチャレンジできましたが、パキッとしたビビッドな赤だったらきっと買わなかったでしょう。そう、赤に限らずきれい色の洋服が欲しかったら、試着はマストです。微妙な色の違いで似合わない場合もありますから、色のバリエーションがあったら、どの色が似合うかをとことん試着したほうがいいと

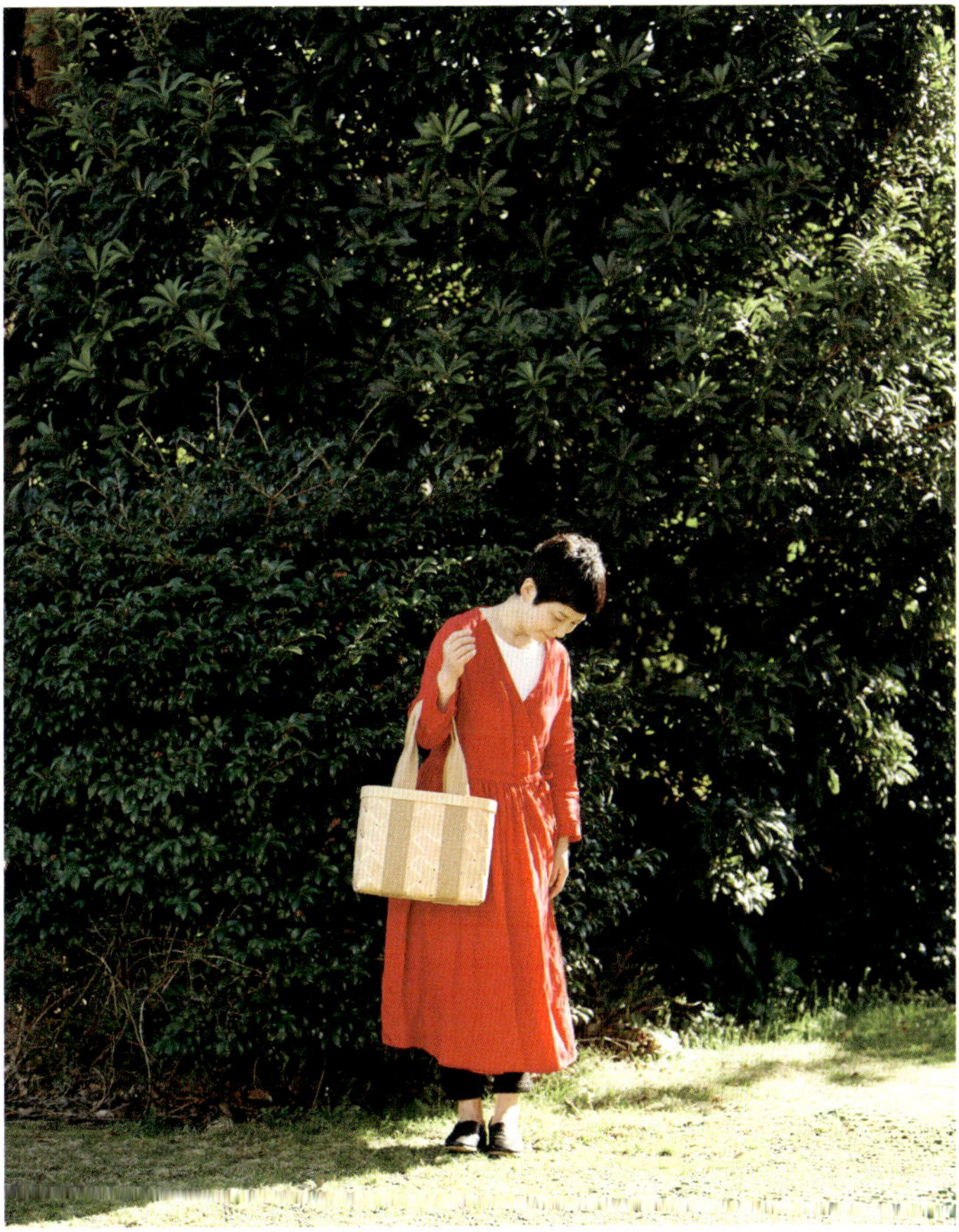

ワンピース：fog linen work　パンツ：saqui　Tシャツ：SUNSPEL　靴：que　バッグ：CINQ plus

思います。

そしてカシュクールワンピースを選ぶ際の注意点は、ウエストまわりにボリュームが出すぎていないかをチェックすること。ギャザーが多いデザインだと、全体が丸いシルエットになり、可愛い印象になってしまいます。大人が無理して若作りしているように見えないよう、ウエストまわりが体形に合うか必ず確認しましょう。

下に合わせたレギンスは、八分丈の黒をチョイス。足首が少し出ていると涼しげに見え、抜け感もあるような気がします。

籠バッグは、白樺の皮で作られたもの。籠はたくさん持っていますが、今回は赤・白・黒のコーディネイトだったので、ぶつからないように色味の薄いものを選びました。

Coordinate

case_05

ハレの日には1枚でさまになるワンピースを

おめかししたいときや、パーティーの日に袖を通すのが、この「dosa」のシルクワンピース。ビジューのように見える模様は、実は絞り染め。職人の手仕事が美しい一着で、奈良の「くるみの木」で手に取った瞬間に、心を奪われました。

シルクはリッチな光沢感が、大人の女性にぴったりの素材。着心地も軽く、動いた時の生地の揺れもとてもエレガントです。このワンピースを着る時は、座る際にシワにならないようお尻まわりの生地を伸ばしたりして、自然と姿勢までしゃんとする気がします。

ワンピース自体にボリュームがある場合にボトムスをはくなら、背の低い私のような体形の方なら、レギンスや細身のパンツを合わせ

ワンピース：dosa　靴：ARTS & SCIENCE　パンツ：saqui　指輪：SOURCE objects　バングル：KO
ネックレス：evam eva　バッグ：kate spade NEW YORK

て下半身を小さくまとめるのがおすすめ。逆に長身の方は、ワイドパンツで全身にボリュームを出しても、個性的で素敵です。

　こういう時こそ、手首にはアクセントになる太めのバングルを。こちらは「ＫＯ」のものですが、絶妙な幅と光沢感で、一気におしゃれ度が増すと感じています。

　ちなみに私はお母さん仕事があるので、ネイルは塗りませんが、そのままだとちょっと恥ずかしいような場面では、艶が出るネイルのベースを自分で塗っています。ビビッドなネイルより、ささやかさが私にはちょうどいい感じです。

　足元はベージュの革靴を。全身同じ色ではなく、こんな風に違う色を靴に持ってくるのが、てらった感じがしなくて、私の好みです。

Coordinate

case_06

やっぱりリネンワンピースの心地よさは格別

リネンワンピースと白のバッグはオールシーズンマッチする、お気に入りの取り合わせ。

私がデザインしたfog linen workのワンピースです。開襟のVライン、ウエストシェイプ、長めの丈など、大人のコンプレックスを上手に隠すポイントを詰め込んだ一着です(笑)。リネンは素材のよいものを選べば、TPOに合わせて着回しができ、重ね着にすれば3シーズン着られます。自然なシワ感を生かすのもいいですが、軽くアイロンをかけるときちんとした印象に。

今回5色作りましたが、このベージュはやや黄味がかった上品な色で、くすみやすい大人の肌をきれいに見せてくれると感じます。

バッグは、四角い形できちんと見える白をチョイス。靴やバッグは黒や茶色のものを選びがちですが、軽やかな白も何にでも似合い、実はおすすめです。

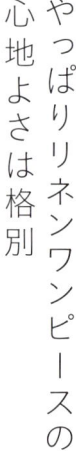

ワンピース：fog linen work（halオリジナル）　バッグ：Plantation　キーホルダー：itonowa Life

Coordinate

case_07

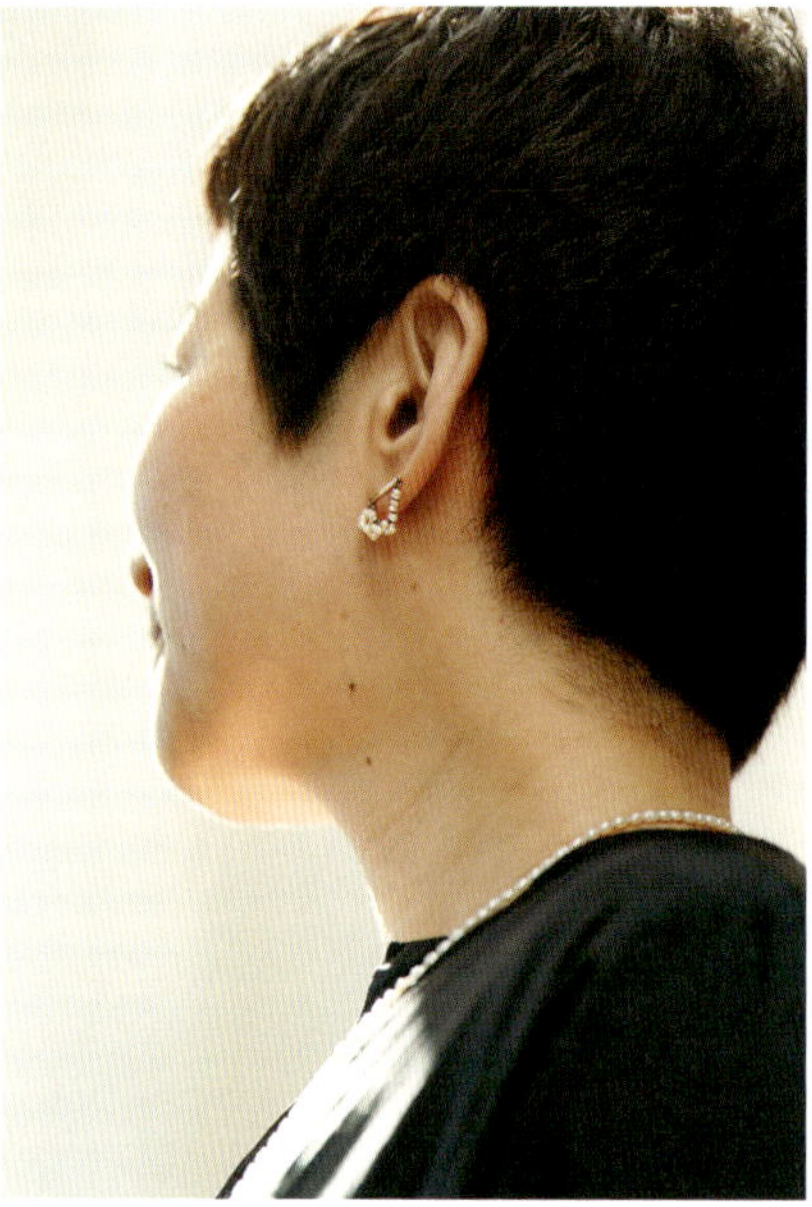

小さなパールが連なった繊細な細工のピアスは、shuóのもの。気づいたら、何週間も着けていることも。

普段のアクセサリーは同じものを身に着ける

ショートヘアにしてから、おじさんに間違われないように（笑）、アクセサリーは積極的に身に着けています。でもアクセサリーまで綿密にコーディネイトを考えるのが面倒というのと、好きなものをお守りのように着けていたい、という気持ちから、洋服によって着けかえたりせず、たいてい同じものを使うことが多いですね。特にピアスはある時に人に褒められてから「shuó」のものばかり。

色は基本ゴールド。若い時はシルバーのものも似合いましたが、大人のくすみ肌にはゴールドの華やかさが似合うと思います。

お出かけ用のパールのネックレスは、華奢なものを。大玉のものは、もう少し年をとってから手に入れようと計画しています。

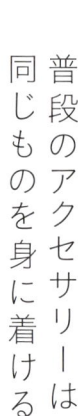

(左から) パールネックレス : evam eva　パールとゴールドのコンビネックレス : shuó　1粒パールネックレス (小) : ete
1粒パールネックレス (大) MAISON RUBUS.　バングル : fog linen work　リング (チェーン、1粒ピンク、細いゴールド) : SOURCE objects

あとがき

いままでたくさんの書籍を出版しておいてなんですが、本来の私は、自分語りよりも人の話を聞くほうが実は好きです。

今回、素敵な先輩方はどのような想いでファッションを捉えているのか、興味深いお話をいろいろうかがえるよい機会となりました。

〝スタイルのある人〟というのはぼんやりしていなくて、きちんと考えがあっての装いであること。でもそれは自分に向けてのことで、人に対しては寛容で謙虚な方が多かったです。スーッと背筋が伸びていて身のこなしがしなやか、肌も色艶がよくハリがあり、とても魅力的な顔つきの方ばかりでした。

おしゃれ心というのはファッションだけでなく、すべてに通じているんだなーと思い、取材中、私はうれしくてたまりませんでした。そしておしゃれの先輩方にも、目標にしていたり、素敵だと思う先輩がいることを知り、女性をより高めてくれるのは憧れの女性の存在なのだと強く思いました。読者の皆様もおしゃれに迷ったら、周りにいる素敵な女性を観察したり、その人に相談することで意識が変わるかもしれません。

お話をうかがっている間、私の中には確かな想いがあったというのに、それを言語化するとなんだか薄っぺらいような気がして原稿書きに難航しましたが、担当さんのおかげでなんとかまとまりました。

いろんな意味でさらに大人の階段をひとつ上れたような気がします。

取材を受けてくださった先輩方、関係者の方々、ありがとうございました。

桜の咲く春の日に

後藤由紀子

後藤由紀子
Yukiko Goto

静岡・沼津で器と雑貨の店「hal」を営む。暮らしの中で自分が心から「いい」と思ったもののみを店に並べる。２人の子どもは成人し、子育てもいち段落。暮らしの工夫や気付きを綴った飾らないエッセイが好評。『後藤さん、今日はどちらへ？ 地元な暮らし』（大和出版）など著書多数。Instagram：@gotoyukikodesu

ブックデザイン　三上祥子／Vaa
撮影　白川青史（表表紙、p06、p110～127）、
竹内一将／stuh（p22～56、p74～83、裏表紙）、
枦木 功／nomadica（p58～65、p100～106）、加藤新作（p66～73、p84～99）
校正　根津桂子、新居智子
編集　綾田純子

撮影協力　クレチマスの丘
静岡県長泉町東野クレマチスの丘 347-1　電話 055-989-8787
https://www.clematis-no-oka.co.jp

50歳《さい》からのおしゃれを探《さが》して

2019年６月１日　初版発行

著者　後藤《ごとう》 由紀子《ゆきこ》
発行者　川金 正法
発行　株式会社KADOKAWA
〒102-8177　東京都千代田区富士見２-13-３
電話　0570-002-301（ナビダイヤル）
印刷所　図書印刷株式会社

●お問い合わせ
https://www.kadokawa.co.jp/（「お問い合わせ」へお進みください）
＊内容によっては、お答えできない場合があります。
＊サポートは日本国内のみとさせていただきます。
＊Japanese text only
定価はカバーに表示してあります。

ISBN 978-4-04-896500-2 C0077